C. Grapengiesser

Kants Lehre von Raum und Zeit

C. Grapengiesser

Kants Lehre von Raum und Zeit

ISBN/EAN: 9783743432031

Hergestellt in Europa, USA, Kanada, Australien, Japan

Cover: Foto ©Thomas Meinert / pixelio.de

Weitere Bücher finden Sie auf **www.hansebooks.com**

Kant's Lehre von Raum und Zeit;

Kuno Fischer
und
Adolf Trendelenburg.

Von

Dr. C. Grapengiesser.

Jena,
Druck und Verlag von Friedrich Mauke.
1870.

Die nächste Veranlassung zur folgenden Abhandlung wurde mir gegeben durch die Broschüre Adolf Trendelenburg's: Kuno Fischer und sein Kant. Eine Entgegnung. 1869. In derselben macht Trendelenburg Herrn Prof. Kuno Fischer darüber Vorwürfe, dass er im 3ten und 4ten Band seiner „Geschichte der neueren Philosophie", wo er Kant's Vernunftkritik und deren Entstehung bespricht, sich nicht habe belehren lassen durch das, was Trendelenburg über und gegen Kant's Lehre von Raum und Zeit in zwei Darstellungen, nämlich in den „Logischen Untersuchungen" und in den „Historischen Beiträgen zur Philosophie" ausgesprochen habe; er sucht zugleich darzuthun, dass in der Darstellung der kantischen Lehren Kuno Fischer Manches geäussert habe, was er als „unkantisch" ansehen müsse. Es ist nun durchaus nicht meine Absicht, mich in den Streit dieser beiden gelehrten und hochgestellten Männer unberufen einzumischen, obwohl in einem Streit über wissenschaftliche Fragen ein Jeder willkommen sein muss, der, ob alt oder jung, ob hoch oder niedrig gestellt, im reinen Interesse für die Wahrheit sich äussert, denn auch den streitenden Männern, wenn ihr Kampf nicht ein persönlicher, sondern ein wirklich wissenschaftlicher ist, kann und darf kein anderes Ziel vor Augen stehen, als mit einander die Wahrheit zu erforschen und darzustellen. Mich aber interessirt eben diese, die wissenschaftliche Erforschung der Wahrheit in Kant's Philosophie, und darum, veranlasst durch jene Broschüre Trendelenburg's, machte ich mich genauer bekannt mit den Darstellungen desselben in den vorhin genannten beiden grösseren Schriften, und verglich damit die Ausführungen

Kant's, wie sie uns über die besprochene Lehre in der Kritik der reinen Vernunft und in den Prolegomenen vor Augen liegen, und eben das Resultat dieser meiner kritischen Betrachtung und Vergleichung möchte ich hier darlegen, in der Hoffnung, dass diese Darstellung vielleicht zum besseren gemeinsamen Verständniss der kantischen Lehren etwas beizutragen im Stande sein könne.

Die ganze Streitsache betrifft nur die Lehre Kant's über Raum und Zeit, und wir müssen uns zuvörderst klar darüber werden, was denn eigentlich zwischen Kant und Trendelenburg in Frage komme, und, wenn wir über diese besondere Frage in's Klare gekommen und ihre Bedeutung, ihren Werth oder Unwerth erkannt haben, dann wird sich auch wohl ein schicklicher Platz finden, um mit einigen Worten den Streit zwischen Trendelenburg und Kuno Fischer zu berühren, da dieser sich hier offenbar mit Kant in Uebereinstimmung befindet, während jener die Lehre Kant's theils bestreitet theils verwirft. Die Frage, um welche es sich hier handelt, scheint aber auf den ersten Blick eine sehr einfache zu sein; doch finde ich gerade in der Unklarheit und Zweideutigkeit derselben den Grund des Tadels, den Trendelenburg über die Lehre Kant's von Raum und Zeit in den beiden angegebenen Darstellungen so ausführlich und entschieden veröffentlicht hat.

Also zuerst wollen wir die Frage klar hinzustellen versuchen.

1. Die Frage.

Die betreffende Abhandlung Trendelenburg's in seinen „Historischen Beiträgen zur Philosophie" im 3ten Band führt den Titel: „Ueber eine Lücke in Kant's Beweis von der ausschliessenden Subjektivität des Raumes und der Zeit". Darin liegen zwei Behauptungen, nämlich 1) Kant habe die ausschliessende Subjektivität des Raumes und der Zeit gelehrt, und 2) in dem Beweise Kant's für diese Lehre komme eine Lücke vor. Was will denn eigentlich Trendelenburg?

Will er nur die Lücke, welche er in dem Beweise Kant's findet und nachweiset, etwa ausfüllen, und darnach den Beweis für die ausschliessende Subjektivität des Raumes und der Zeit verbessern und vervollständigen? So bliebe auch für ihn, und nun nach besserem Beweise für ihn noch mehr, die Lehre selbst bestehen. Man möchte das nach der obigen Bezeichnung der Frage vermuthen. Aber so ist es nicht. Trendelenburg verwirft in dem obigen Aufsatz nicht nur den lückenhaften Beweis Kant's, sondern zugleich die Lehre selbst. Also zuerst die Behauptung, Kant habe die ausschliessende Subjektivität des Raumes und der Zeit gelehrt. Was heisst das „ausschliessende Subjektivität"? Trendelenburg sagt Histor. Beitr. S. 217: „sie sind nach Kant's Sprache subjektiv, nicht objektiv, nur subjektiv". Nach Kant's Sprache? Ich habe nirgends bei Kant diesen kahlen Satz gefunden: Raum und Zeit sind subjektiv, nur subjektiv. Zwar behauptet Trendelenburg S. 226: „Wie er einmal Subjektives und Objektives trennte, warf er die Dinge entweder in die eine oder die andere Klasse." Dieser Ausspruch erregte mein Erstaunen; er kam mir sogar etwas spöttisch vor; doch vielleicht war es nur ein augenblicklicher, etwas scherzhafter Einfall. Nein; wörtlich so kommt die Behauptung auch vor in den „Logischen Untersuchungen" Bd. 1. VI. S. 163. Trendelenburg muss also doch meinen, damit etwas Ernsthaftes und Inhaltsvolles gesagt zu haben. Nun aber kann ich mir kaum Etwas vorstellen, was sowohl dem Gedanken wie dem Ausdrucke nach so „unkantisch" wäre, wie eben dieses; und doch ist Trendelenburg mit diesem Vorwurf des „Unkantischen" bei Kuno Fischer so sehr bei der Hand, als ob er mit der kantischen Denk- und Ausdrucksweise auf das Genaueste bekannt wäre. Wie gesagt, ich erinnere mich nicht, den Satz irgendwo bei Kant getroffen zu haben, auch nicht in der transcendentalen Aesthetik, wo doch recht eigentlich die Lehre von Raum und Zeit vorgetragen wird, und ich kann nicht glauben, dass Kant zu philosophiren meinte, wenn er die Dinge so gleichsam in zwei Beutel „geworfen" habe, kann nicht glauben, dass er irgendwo einen so oberflächlichen und unbestimmten Satz hingestellt habe. Ich würde das eher für eine Schelling'sche Manier zu philosophiren halten, denn bei Schelling gerade bildet das Subjektive und Objektive den Mittelpunkt des Philosophems, und Niemand wird behaupten, dass Kant dem Schelling in der Schärfe der Begriffsbestimmung und der logischen Genauigkeit des Ausdrucks nachstehe. Und in der That, es ist sehr ungenau und oberflächlich, zu sagen: Raum und Zeit sind nur subjektiv, wenn man nicht zuvor darüber sich verständigt hat, in welchem Sinne man die Bezeichnung „subjektiv" gebrauche. Denn, was will das eigentlich sagen, wenn eine Vorstellung „subjektiv" genannt wird? Das kann sehr Verschiedenes bedeuten. Ich kann eine Vorstellung subjektiv nennen, um damit ihren Ursprung zu bezeichnen, und will dann damit sagen, die Vorstellung habe ihren Ursprung im Subjekt, im Gegensatz der empirischen Vorstellung, die mir durch das Objekt der Erfahrung gegeben wird. Oder ich nenne eine Vorstellung „subjektiv" im Sinne des Problematischen, und meine damit dann, ihr entspreche kein Objekt, sie habe keinen wirklichen Gegenstand. Oder endlich, ich kann eine Behauptung subjektiv nennen in dem Sinne, dass ich sagen will, sie finde keine Anwendung auf wirkliche Gegenstände, auf Objekte. Kommt nun bei Kant, zwar nicht so oberflächlich und unbestimmt, aber doch im Zusammenhang der Lehre die Beziehung des Subjektiven auf Raum und Zeit vor: so würde es sich weiter fragen, in welchem Sinne dies geschehe, und ob auch Trendelenburg eben denselben Sinn mit dem Worte verbinde. Wir wollen die bezeichnendsten Sätze hier und dort mit einander vergleichen, um darüber in's Klare zu kommen. Ich will aber hier für Trendelenburg nur seinen Aufsatz in den „Historischen Beiträgen" berücksichtigen und vorläufig die „Logischen Untersuchungen" zurückstellen, was um so eher geschehen kann, da sich wirklich in beiden Darstellungen die zu besprechenden Aeusserungen wörtlich wiederholen.

Trendelenburg schreibt S. 216 und 217:

„Kant schliesst nun weiter. Da Raum und Zeit Formen sind, die a priori in uns liegen: so haben sie nichts mit den Dingen zu thun; sie sind nach Kant's Sprache subjektiv, nicht objektiv, nur subjektiv."

S. 217:

„Daher hat die Frage eine entschiedene Bedeutung: Hat Kant wirklich bewiesen, dass Raum und Zeit nur subjektive Formen sind, Formen ohne andere als subjektive Geltung?"

S. 225:

„Auch in diesem Zusammenhang hat es eine wesentliche Bedeutung zu fragen: Hat Kant bewiesen, dass die Formen von Raum und Zeit, welche durch alle Weltanschauung entscheidend durchgehen, nur subjektiv sind; hat er bewiesen, dass sie nicht subjektiv und objektiv zugleich sein können?"

S. 225:

„Aber dass sie nur subjektiv, also vom Objektiven ausgeschlossen sind, müsste von Kant ebenso bewiesen werden."

S. 226:

„Kant hat kaum an die Möglichkeit gedacht, dass sie beides zusammen seien."

S. 226:

„Es handelt sich also um die Frage: Hat Kant in der Kritik der reinen Vernunft die Möglichkeit untersucht, ob Raum und Zeit, deren apriorischen Ursprung er nachwies, nicht subjektiv und objektiv zugleich sein können."

S. 227:

„— — zeigen deutlich, dass er die dritte Möglichkeit nicht erwog."

„Diesen Fragen liegt eine Eintheilung zu Grunde, in welcher sich die Möglichkeit, den Raum aufzufassen, so gliedert: Der Raum ist entweder objektiv, sei es als wirkliches Wesen, sei es als Bestimmung an einem wirklichen Wesen, oder er haftet nur an der subjektiven Beschaffenheit unsers Gemüths. Die dritte Möglichkeit ist nicht bedacht."

S. 228:
„wenn Kant so schloss, wie die log. Untersuchungen es ergeben, nämlich in dieser Weise: Raum und Zeit sind a priori, weil nothwendig und allgemein, und wenn a priori, sind sie subjektiv, also nur subjektiv. In diesem Falle ist die Lücke augenscheinlich."

S. 229:
„Es fragt sich hiernach, hat Kant denn anderweitig dargethan, dass Raum und Zeit nicht objektiv sein kann? Nur dann könnte man zugeben, es habe der Untersuchung der dritten Möglichkeit nicht bedurft."

S. 230:
„denn die Möglichkeit, dass das a priori, im Geiste subjektiv, doch zugleich objektive Geltung habe, ist ausser Acht gelassen."

Dies sind die verschiedenen Aeusserungen und Behauptungen Trendelenburg's, in denen die Bezeichnungen „subjektiv" und „objektiv" in Beziehung auf Raum und Zeit vorkommen. Aus ihnen muss erstlich hervorgehen, in welchem Sinne Trendelenburg diese Bezeichnungen gebraucht. Dann können wir zweitens in ihnen erkennen, welchen Tadel er bezüglich der kantischen Lehre ausspricht, und endlich drittens diesen Tadel zunächst logisch betrachten, um zu sehen, ob er in dieser Beziehung statthaft ist, ganz abgesehen von den Auseinandersetzungen Kant's.

Also wie versteht Trendelenburg hier das „subjektiv" sein? Es erhellt aus seinen Aeusserungen ganz bestimmt, dass er in gewissem Sinne hinsichtlich des Subjektiven von Raum und Zeit sich mit Kant in Uebereinstimmung befindet.

Denn S. 215 sagt er mit Kant: „Wenn nun Raum und Zeit nothwendig und allgemein sind, so sind sie a priori". Und S. 225 lautet es: „Dass sie subjektiv im Sinne eines a priori sind, im Sinne von Formen, durch welche es eine nothwendige mathematische Erkenntniss vor aller Erfahrung geben kann, bleibt nach Kant's metaphysischen und transcendentalen Beweisen stehen". Also das ist klar: Trendelenburg selbst nennt Raum und Zeit in gewissem Sinne subjektiv. Aber in welchem Sinne? Weil sie nothwendig und allgemein, weil sie a priori sind. Also es wird hier die Bezeichnung „subjektiv" gebraucht in Beziehung auf die Erkenntnissquelle, den Ursprung der Erkenntniss. Demnach steht das „subjektiv sein" dem Empirischen gegenüber, dem a posteriori. Trendelenburg ist mit Kant darüber einverstanden, dass wir die Vorstellungen Raum und Zeit nicht aus der Erfahrung schöpfen können, dass wir sie nicht a posteriori gewinnen, denn dann wären sie zufällig. Sie sind aber vielmehr nothwendig und allgemein, vor aller Erfahrung. Wohl; zugegeben. Stelle ich nun in diesem Sinne dem Subjektiven das Objektive entgegen: so müsste das Letztere ja gerade das Zufällige, das Empirische bezeichnen. — Was tadelt nun eigentlich Trendelenburg? Worin besteht die von ihm wahrgenommene Lücke? Worin die dritte Möglichkeit, die Kant ausser Acht gelassen haben soll? Kant, meint er, habe nur bewiesen oder angenommen, Raum und Zeit seien nur subjektiv, nicht objektiv; es sei aber eine dritte Möglichkeit, dass sie subjektiv und objektiv zugleich seien. An diese Möglichkeit habe Kant nicht gedacht. S. 223 heisst es: „Hiernach unterscheiden sich drei Ansichten in voller Schärfe. Denn es ist etwas Anderes, ob man den Raum und die Zeit für nur objektiv hält, — —, oder ob man sie für nur subjektiv hält, — —, oder ob man sie — — für subjektiv und objektiv zugleich hält". Und S. 222: „Das Subjektive und Objektive drückt nicht zwei coordinirte Arten aus, welche einander ausschliessen, — sondern das Subjektive und Objektive bezeichnet nur Beziehungen, welche

sich vereinigen können, nur den Ursprung und die dadurch
bedingte Geltung. Das disjunktive Urtheil ist daher unvollständig, wenn man sagt, ein Begriff, z. B. der Begriff
eines Dreiecks, sei entweder subjektiv oder objektiv, vielmehr fehlt dabei das dritte Glied, oder zugleich subjektiv
und objektiv". Wir wollen diese Trendelenburg'sche Behauptung hier rein logisch betrachten, und vorläufig davon
absehen, ob er mit seiner Darstellung, Kant habe Raum
und Zeit für nur subjektiv, ausschliessend subjektiv gehalten,
Recht habe oder nicht. Angenommen, es sei richtig; hat
dann der logische Vorwurf, der ihm gemacht wird, Grund
und Bestand? Trendelenburg, wie wir vorhin gezeigt haben,
stimmt Kant darin bei, dass Raum und Zeit in gewissem
Sinne subjektiv seien und nicht objektiv; aber er macht ihm
das „nur", das „ausschliessend" zum Vorwurf; es sei zwar
richtig, meint er, mit Kant zu sagen, sie seien nicht „nur
objektiv", aber ein Drittes sei möglich, sie seien subjektiv
und objektiv zugleich. Es handelt sich also um die Form
des disjunktiven Urtheils. Ueber dieses sagt Kant in der
Kritik der reinen Vernunft (ich citire nach der neuen
v. Kirchmann'schen Ausgabe) S. 116:

„Endlich enthält das disjunktive Urtheil ein Verhältniss zweier oder mehrerer Sätze gegen einander, aber
nicht der Abfolge, sondern der logischen Entgegensetzung, so fern die Sphäre des einen die des andern
ausschliesst, aber doch zugleich der Gemeinschaft,
insofern sie zusammen die Sphäre der eigentlichen Erkenntniss ausfüllen; also ein Verhältniss der Theile
der Sphäre eines Erkenntnisses, da die Sphäre eines
jeden Theils ein Ergänzungsstück der Sphäre des andern zu dem ganzen Inbegriff der eigentlichen Erkenntniss ist, z. B. die Welt ist entweder durch einen blinden Zufall da oder durch innere Nothwendigkeit oder
durch eine äussere Ursache. Jeder dieser Sätze nimmt
einen Theil der Sphäre des möglichen Erkenntnisses
über das Dasein einer Welt überhaupt ein, alle zu-

sammen die ganze Sphäre. Das Erkenntniss aus einer dieser Sphären wegnehmen heisst, sie in eine der übrigen setzen, und dagegen sie in eine Sphäre setzen heisst, sie aus den übrigen wegnehmen. Es ist also in einem disjunktiven Urtheile eine gewisse Gemeinschaft der Erkenntnisse, die darin besteht, dass sie sich wechselseitig einander ausschliessen, aber dadurch doch im Ganzen die wahre Erkenntniss bestimmen, indem sie zusammengenommen den ganzen Inhalt einer einzigen gegebenen Erkenntniss ausmachen."

Also die Sache steht so: Wir unterscheiden in der Logik das divisive Urtheil vom kategorischen und hypothetischen, das divisive aber ist entweder conjunktiv oder disjunktiv. Denn das divisive Urtheil giebt die Eintheilung eines Subjektbegriffes; da nun der Begriff eingetheilt werden kann sowohl nach seinem Inhalt als auch nach seinem Umfang oder seiner Sphäre, so giebt das conjunktive Urtheil die Eintheilung des Inhalts, das disjunktive der Sphäre. Jenes ist vollständig, wenn alle Merkmale angegeben werden, welche den Inhalt des Begriffs ausmachen; dieses, wenn Alles, was zu seiner Sphäre gehört, zusammengestellt wird. Daher ist das eigenthümliche Verhältniss des disjunktiven Urtheils dieses, dass seine Glieder mit einander in Wechselwirkung stehen; sie sind einander **coordinirt**, **nicht subordinirt**, so dass, wenn das eine gesetzt wird, die anderen damit ausgeschlossen werden. Die Form des disjunktiven Urtheils ist also: A ist entweder a oder b; ist also a, so ist es nicht b, und umgekehrt. Wäre die Disjunktion nicht vollständig, wohl, so müsste es heissen: A ist entweder a, oder b oder c, aber das dritte mögliche Glied kann unmöglich heissen a und b zugleich. Denn dies wäre ein logischer Widerspruch: ist A nicht a, so kann es auch nicht a und b zugleich sein; ist es nicht b, auch nicht b und a zugleich, weil in beiden Fällen ja das eine Glied schon ausgeschlossen war, es also nicht in Verbindung mit einem andern wieder vorkommen kann. Die oben angegebene

Behauptung Trendelenburg's S. 222, von den nicht coordinirten Arten des Subjektiven und Objektiven, von der Unvollständigkeit des disjunktiven Urtheils nebst dem angeführten Beispiel ist ein offenbarer logischer Irrthum; die Eintheilung der Disjunktion A ist entweder a oder b oder a und b zugleich ist unstatthaft. Als Beispiel für das richtige Verhältniss diene: Eine Linie ist entweder gerade oder krumm. Dies ist die vollständige Disjunktion. Die dritte Möglichkeit, zu verlangen „oder sie sei gerade und krumm zugleich" ist ein logischer Widerspruch; denn, ist sie gerade, so kann sie nicht krumm sein, also auch nicht krumm und gerade zugleich; ist sie aber krumm, so kann sie nicht gerade sein, also auch nicht gerade und krumm zugleich. Nun könnte ein Superkluger kommen und sagen: „Ei, schau' her, es ist doch möglich: hier habe ich eine Linie gezeichnet, die zur Hälfte gerade, zur Hälfte krumm ist, also ist die ganze Linie doch gerade und krumm zugleich". Nun, es wäre leicht, einen solchen ad absurdum zu führen und ihm zu zeigen, er habe zwei Linien gezeichnet, eine gerade und eine krumme, und habe die beiden verschiedenen Linien in närrischer Weise an einander gesetzt, als wären sie Eine Linie. — Wir wenden das logische Verhältniss auf unsern vorliegenden Fall an. Die Disjunktion wäre diese: eine Erkenntniss ist entweder subjektiv, d. h. hier a priori, oder objektiv, d. h. a posteriori. Ein Drittes ist nicht möglich. Denn eine Erkenntniss hat ihre Quelle entweder in unserer eigenen Vernunft in uns, oder in der Erfahrung ausser uns. Woher sollte sie sonst kommen? Es könnte Jemand vielleicht sagen: aus Inspiration, aus Offenbarung; den müssten wir aber abweisen mit der Bemerkung, dass wir hier eine natürliche Erklärung suchen, und eine solche transcendente und ideelle Annahme nicht brauchen können. Als dritte Möglichkeit aber annehmen: eine Erkenntniss sei subjektiv und objektiv zugleich, a priori und a posteriori zugleich, wäre nach Obigem ein logischer Widerspruch, etwas Widersinniges. So unzweifelhaft, dass ich es Trendelenburg kaum zutrauen kann. Und doch fällt mir gerade ein, dass ich eine ähnliche, widersinnige Behauptung bei ihm an einer andern Stelle gelesen habe. In den „Logischen Untersuchungen" Bd. 1 S. 310 ist von der Eigenthümlichkeit der philosophischen Erkenntniss die Rede, und Trendelenburg spricht:

„Wenn nun die Philosophie die Aufgabe hat, das Ganze der Erkenntniss zu vertreten, indem sie den Anfängen der einzelnen Wissenschaften die Principien giebt, den Resultaten die Harmonie sichert und die lebendige Wechselwirkung vermittelt: so ist sie ebenso sehr eine Erkenntniss a posteriori wie a priori."

Also doch! Allein wir wollen uns hier durch das Widersinnige dieser Behauptung nicht stören und aufhalten lassen, das nachzuweisen ein Leichtes wäre. Ich kehre zu unserm Thema zurück. Trotz des oben nachgewiesenen logischen Fehlers, bin ich doch überzeugt, dass der wahre Grund der Bestreitung der kantischen Lehre bei Trendelenburg nicht in diesem groben Fehler liegt, sondern in einem andern Missverständniss. Dies geht zum Theil schon aus den angeführten Stellen der Trendelenburg'schen Abhandlung hervor. Wir sahen, dass Trendelenburg insofern sich mit Kant in Uebereinstimmung befand, als er Raum und Zeit gleichfalls nicht für objektiv, sondern für subjektiv ansehe, und zwar aus dem Grunde, weil wir hier eine Erkenntniss a priori, eine Erkenntniss des Nothwendigen und Allgemeinen vor uns haben. Also bezeichnete das „subjektiv" und „objektiv" die eigenthümliche Erkenntnissquelle. Wie bezeichnet nun aber Trendelenburg, abgesehen von der widerspruchsvollen logischen Forderung, den Fehler Kant's? S. 217 lässt er Kant schliessen:

„Da Raum und Zeit Formen sind, die a priori in uns liegen, so haben sie nichts mit den Dingen zu thun."

Auf derselben Seite heisst es:

„Hat Kant wirklich bewiesen, dass Raum und Zeit

nur **subjektive Formen sind, Formen ohne andere als subjektive Geltung?"**

S. 227:

„Es würde darauf ankommen, die Stelle nachzuweisen, wo Kant das erläuterte dritte Glied, welches für die apriorische und darum subjektive Anschauung von Raum und Zeit zugleich **eine Geltung für die Dinge** anspricht, in Erwägung gezogen hätte."

Ich könnte mehre ähnliche Sätze aus dem Aufsatze Trendelenburg's anführen. Aber diese genügen hier schon. Worauf bezieht sich in diesen das subjektiv und objektiv? Subjektiv bedeutet hier **bloss subjektive Geltung der Vorstellungen von Raum und Zeit; sie haben nichts mit den Dingen zu thun.** Also hier ist nicht von der besonderen Erkenntnissquelle die Rede, sondern vielmehr von der Geltung und Anwendung von Raum und Zeit auf die Dinge. Demnach wird hier das „subjektiv" und „objektiv" in einem anderen Sinne gebraucht. Und gerade in dieser μεταβασις εἰς ἄλλο γενος, in dieser Verwechselung finde ich den eigentlichen Grund der Bestreitung der Lehre Kant's von Seiten Trendelenburg's. Dies wird noch deutlicher werden, wenn wir jetzt den obigen Sätzen der Schrift Trendelenburg's die Aeusserungen Kant's gegenüberstellen, in welchen er in Bezug auf seine Lehre von Raum und Zeit das „subjektiv" und „objektiv" gebraucht. Ich beschränke mich dabei auf Kant's „transcendentale Aesthetik" in der Kritik der reinen Vernunft, denn sie giebt die Lehre Kant's von Raum und Zeit vollständig und im Zusammenhang.

S. 74:

„Was sind nun Raum und Zeit? Sind es wirkliche Wesen? Sind es zwar nur Bestimmungen oder auch Verhältnisse der Dinge, aber doch solche, welche ihnen auch an sich zukommen würden, wenn sie auch nicht angeschaut würden, oder sind sie solche, die nur an der Form der Anschauung allein haften und mithin an der **subjektiven Beschaffenheit unsers Ge-**

müths, ohne welche diese Prädikate gar keinem Dinge beigelegt werden können?"

S. 77:
„Wie kann nun eine äussere Anschauung dem Gemüthe beiwohnen, die vor den Objekten selbst vorhergeht, und in welcher der Begriff der letzteren a priori bestimmt werden kann? Offenbar nicht anders, als so fern sie bloss im Subjekte, als die formale Beschaffenheit desselben, von Objekten afficirt zu werden und dadurch unmittelbare Vorstellung derselben, d. i. Anschauung zu bekommen, ihren Sitz hat, also nur als Form des äusseren Sinnes überhaupt."

S. 78:
„Der Raum ist nichts Anderes, als nur die Form aller Erscheinungen äusserer Sinne, d. i. die subjektive Bedingung der Sinnlichkeit, unter der allein uns äussere Anschauung möglich ist."

S. 79:
„Unsere Erörterung lehret demnach die Realität (d. i. die objektive Gültigkeit) des Raumes in Ansehung alles dessen, was äusserlich als Gegenstand uns vorkommen kann, aber zugleich die Idealität des Raums in Ansehung der Dinge, wenn sie durch die Vernunft an sich selbst erwogen werden, d. i. ohne Rücksicht auf die Beschaffenheit unserer Sinnlichkeit zu nehmen. Wir behaupten also die empirische Realität des Raumes (in Ansehung aller möglichen äusseren Erfahrung), ob wir zwar die transcendentale Idealität desselben, d. i. dass er Nichts sei, sobald wir die Bedingung der Möglichkeit aller Erfahrung weglassen und ihn als etwas, was den Dingen an sich selbst zum Grunde liegt, annehmen."

„Es giebt aber auch ausser dem Raum keine andere subjektive und auf etwas Aeusseres bezogene Vorstellung, die a priori objektiv heissen könnte."

S. 80 aus der ersten Ausgabe:

„Durch denselben ist es allein möglich, dass Dinge für uns äussere Gegenstände sind."

S. 83:
„wenn die Zeit nichts als die subjektive Bedingung ist, unter der alle Anschauungen in uns stattfinden können."

S. 84:
„Die Zeit ist also lediglich eine subjektive Bedingung unserer (menschlichen) Anschauung, welche jederzeit sinnlich ist, d. i. sofern wir von Gegenständen afficirt werden, und an sich, ausser dem Subjekte, nichts. Nichts desto weniger ist sie in Ansehung aller Erscheinungen, mithin auch aller Dinge, die uns in der Erfahrung vorkommen können, nothwendiger Weise objektiv.

S. 85:
„Unsere Behauptungen lehren demnach empirische Realität der Zeit, d. i. objektive Gültigkeit in Ansehung aller Gegenstände, die jemals unsern Sinnen gegeben werden mögen."

„Hierin besteht also die transcendentale Idealität der Zeit, nach welcher sie, wenn man von den subjektiven Bedingungen der sinnlichen Anschauung abstrahirt, gar nichts ist."

S. 86:
„Die Zeit ist allerdings etwas Wirkliches, nämlich die wirkliche Form der innern Anschauung."

S. 87:
„Aber diese Erkenntnissquellen a priori bestimmen sich eben dadurch (dass sie bloss Bedingungen der Sinnlichkeit sind) ihre Grenzen, nämlich dass sie bloss auf Gegenstände gehen, so fern sie als Erscheinungen betrachtet werden, nicht aber Dinge an sich selbst darstellen. Jene allein sind das Feld ihrer Gültigkeit, woraus, wenn man hinausgeht, weiter kein objektiver Gebrauch derselben stattfindet."

S. 94:

„Es ist also ungezweifelt gewiss, dass Raum und Zeit als die nothwendigen Bedingungen aller (äusseren und inneren) Erfahrung bloss subjektive Bedingungen aller unserer Anschauung sind, im Verhältniss auf welche daher alle Gegenstände blosse Erscheinungen und nicht für sich in dieser Art gegebene Dinge sind."

Vergleichen wir nun alle diese einzelnen Stellen aus der transcendentalen Aesthetik Kant's: so begegnen wir nirgends, wie ich schon früher behauptete, jenem kahlen, unbestimmten Satze: „Raum und Zeit sind subjektiv, nicht objektiv, nur subjektiv," von dem doch Trendelenburg sagt S. 217: das seien Raum und Zeit nach Kant's Sprache. Vielmehr gebraucht Kant die Bezeichnung subjektiv für Raum und Zeit immer in einem bestimmten Sinne, in einer bestimmten Verbindung. In welchem Sinne? Er sagt: Raum und Zeit haften an der subjektiven Beschaffenheit unsers Gemüthes; er nennt sie die formale Beschaffenheit unsers Subjekts, die subjektive Bedingung der Sinnlichkeit, eine subjektive Bedingung unserer menschlichen Anschauung, nothwendige Bedingungen aller Erfahrung. Kant bezeichnet damit also die eigenthümliche Erkenntnissquelle und Erkenntnissart von Raum und Zeit. Trendelenburg hat also Recht, wenn er behauptet, Kant habe Raum und Zeit in diesem Sinne nur für subjektiv, nicht für objektiv angesehen. Denn wenn das „subjektiv" bedeuten soll, sie haben ihren Ursprung in uns, in der subjektiven Form unserer Sinnlichkeit: so bildet das „objektiv" dazu den Gegensatz, und man könnte von ihnen nicht ohne offenbaren Widerspruch behaupten, dass sie auch objektiv seien. Nun aber behauptet Kant auch ausdrücklich ihre objektive Gültigkeit, ihre empirische Realität; er sagt vom Raum: er sei eine Vorstellung, die a priori objektiv heissen könnte, durch denselben sei es allein möglich, dass Dinge für uns äussere Gegenstände sind; er sagt von der Zeit: sie sei nothwendig objektiv, er nennt sie etwas Wirkliches. Da redet er also von den ihrem Ursprung nach subjektiven Formen in Hinsicht ihrer Anwendung auf die Dinge, und ohne allen Zweifel bezeichnet er Raum und Zeit insofern als wirklich und objektiv. Es ist demnach geradezu unwahr und falsch, wenn Trendelenburg ihn schliessen lässt: sie haben nichts mit den Dingen zu thun, sie haben keine andere als subjektive Geltung, wenn er behauptet, Kant habe an die sogenannte dritte Möglichkeit nicht gedacht und sie ausser Acht gelassen, dass nämlich Raum und Zeit subjektiv und objektiv zugleich sein könnten. Denn allerdings nennt Kant sie in dem einen Sinne subjektiv, und in dem anderen objektiv. Hierin liegt also gar nicht der Knoten, und Trendelenburg hat die Frage des Streites und der Nichtübereinstimmung völlig falsch bezeichnet; es ist die angebliche Lücke gar nicht vorhanden, und Kant hat die alleinige und ausschliessende Subjektivität von Raum und Zeit gar nicht behauptet. Da nun aber offenbar Trendelenburg mit Kant in der Lehre von Raum und Zeit nicht übereinstimmt und sie verwirft: so muss der Punkt der Nichtübereinstimmung in etwas Anderem liegen, und die Frage muss ganz anders gestellt werden. Dieser Punkt liegt nun nach meiner Meinung nicht in dem „subjektiv, nicht objektiv, nur subjektiv", sondern vielmehr in der Unterscheidung Kant's zwischen Erscheinung und Ding an sich, Ding als Erscheinung für unsere eigenthümliche sinnliche Auffassung und Ding an und für sich selbst, zwischen empirischer und transcendentaler Realität. Kurz, es ist Kant's Lehre des transcendentalen Idealismus, welche Trendelenburg nicht versteht oder missversteht, und darum nicht anerkennt. Die Frage müsste also lauten: ob Kant bewiesen habe, dass Raum und Zeit nur empirische Gültigkeit oder Realität haben, ob er bewiesen habe, dass die Welt in Raum und Zeit nur eine Welt der Erscheinungen sei, und nicht eine Welt der Dinge an sich, oder ob in seinem Beweise sich eine Lücke, ein Fehler befinde. Und allerdings behauptet Trendelenburg das Letztere. Darauf wollen wir den kantischen Beweis und die Entgegenstellungen Trendelenburg's ansehen.

2. Der angeblich lückenhafte oder fehlerhafte Beweis Kant's.

Der Zusammenhang der Lehre Kant's von Raum und Zeit in seiner transcendentalen Aesthetik ist dieser. Er giebt zuerst von Raum sowohl wie Zeit eine metaphysische und transcendentale Erörterung, zieht dann aus diesen Begriffen Schlüsse, lässt eine Erläuterung folgen, und fügt endlich allgemeine Anmerkungen zur transcendentalen Aesthetik hinzu. Haben wir es nun hier in unserer vorliegenden Untersuchung mit dem Ganzen dieser Lehre zu thun, oder nur mit einem Theile derselben? Offenbar ist das Letztere der Fall. Denn freilich Trendelenburg bestreitet und verwirft die ganze kantische Lehre; dies geschieht aber nicht hier, sondern in den „Logischen Untersuchungen", die wir erst später besprechen werden. Hier, in dem Aufsatz in den „Historischen Beiträgen", bekämpft Trendelenburg nicht die kantischen Erörterungen des Begriffes von Raum und Zeit, sondern seine Schlüsse aus diesen Begriffen. Kant führt nämlich aus der von ihm nachgewiesenen eigenthümlichen Art der Vorstellungen von Raum und Zeit den Beweis, dass die von uns in diesen subjektiven Formen aufgefasste und erkannte Welt nicht die Welt der Dinge an sich sei, sondern eine Welt der Erscheinungen für unsere sinnlich beschränkte Vernunft. Trendelenburg unterscheidet dafür vollkommen richtig einen direkten Beweis Kant's, den er eben in der transcendentalen Aesthetik giebt, und einen indirekten Beweis (S. 231), der bei Kant in der Kritik der reinen Vernunft im siebenten Abschnitt der Antinomie der reinen Vernunft „Kritische Entscheidung des kosmologischen Streits der Vernunft mit sich selbst" S. 418 vorkommt. Er sagt dort:

„Man kann aber auch umgekehrt aus dieser Antinomie einen wahren, zwar nicht dogmatischen, aber doch kritischen und doctrinalen Nutzen ziehen: nämlich die transcendentale Idealität der Erscheinungen dadurch indirekt zu beweisen, wenn Jemand etwa an dem direkten Beweise in der transcendentalen Aesthetik nicht genug hätte." Trendelenburg hat offenbar nicht genug an Kant's direktem Beweis, denn er tadelt und verwirft ihn; ihm genügt aber ebenso wenig der indirekte Beweis. Warum das Eine wie das Andere, wollen wir jetzt untersuchen.

Was Kant in der transcendentalen Aesthetik hat beweisen wollen und, wie er überzeugt ist, bewiesen hat, sagt er im sechsten Abschnitt der Antinomie der reinen Vernunft S. 407: „Wir haben in der transcendentalen Aesthetik hinreichend bewiesen, dass Alles, was im Raume oder der Zeit angeschaut wird, mithin alle Gegenstände einer uns möglichen Erfahrung, nichts als Erscheinungen, d. i. blosse Vorstellungen sind, die so, wie sie vorgestellt werden, als ausgedehnte Wesen oder Reihen von Veränderungen, ausser unseren Gedanken keine an sich gegründete Existenz haben. Diesen Lehrbegriff nenne ich den transcendentalen Idealismus. Der Realist in transcendentaler Bedeutung macht aus diesen Modificationen unserer Sinnlichkeit an sich subsistirende Dinge, und daher blosse Vorstellungen zu Sachen an sich selbst." Kant geht nämlich in seinem direkten Beweise von seiner Erörterung der Begriffe Raum und Zeit aus. Sie sind nicht wirkliche Gegenstände, nicht diskursive oder allgemeine Begriffe, nicht empirische Begriffe, sondern reine Anschauungen, Anschauungen a priori, und als solche sind sie Formen unserer Sinnlichkeit, der Raum des äusseren Sinnes, die Zeit der Sinnlichkeit überhaupt, und im Besonderen des inneren Sinnes. Sobald nämlich unsere Sinne von Gegenständen afficirt werden, fassen sie dieselben in jene nothwendigen Formen unserer Sinnlichkeit, die Dinge ausser uns stellen wir uns im Raume vor, die Wahrnehmungen in unserm Innern erscheinen uns in der Zeit. Nun

meint Kant, dies seien also Modificationen, die von uns ausgehen, nicht aber von den Gegenständen; sie sind Bestimmungen derselben durch unsere Sinnlichkeit. Sie sind Vorstellungen, die wir uns von den Dingen machen. Die Dinge an sich haben sich aber doch nicht nach unsern subjektiven Vorstellungen zu richten. Also sind die Dinge in Raum und Zeit zwar für unsere sinnliche Vernunft wirkliche und nothwendige Vorstellungen der Dinge, nicht aber die Dinge an sich. — In den Prolegomena, dieser vortrefflichen Schrift Kant's, in der er so einfach und klar die Hauptgedanken der Kritik der Vernunft zusammenstellt, zu der Jeder, der Kant's Lehre wirklich zu verstehen begehrt, seine Zuflucht nehmen sollte, falls er irgendwo in der Kritik der Vernunft Anstoss nimmt und nicht zurechtzufinden weiss, dort sagt Kant über die Sache, die wir hier in's Auge fassen, §. 9 S. 52:
„Es ist also nur auf eine einzige Art möglich, dass meine Anschauung vor der Wirklichkeit des Gegenstandes vorhergehe, und als Erkenntniss a priori stattfinde, wenn sie nämlich nichts anders enthält, als die Form der Sinnlichkeit, die in meinem Subject vor allen wirklichen Eindrücken vorhergeht, dadurch ich von Gegenständen afficirt werde. Denn dass Gegenstände der Sinne dieser Form der Sinnlichkeit gemäss allein angeschaut werden können, kann ich a priori wissen. Hieraus folgt: dass Sätze, die bloss diese Form der sinnlichen Anschauung betreffen, von Gegenständen der Sinne möglich und gültig sein werden, imgleichen umgekehrt, dass Anschauungen, die a priori möglich sind, niemals andere Dinge, als Gegenstände unsrer Sinne betreffen können. §. 10. Also ist es nur die Form der sinnlichen Anschauung, dadurch wir a priori Dinge anschauen können, wodurch wir aber auch die Objekte nur erkennen, wie sie uns (unsern Sinnen) erscheinen können, nicht, wie sie an sich sein mögen."

Das ist der so klare Beweis Kant's. Jetzt wollen wir über ihn Trendelenburg hören. Der macht sich die Sache sehr leicht; mit einigen wenigen Worten bricht er den Stab über Das, was Kant so ausführlich und gründlich bewiesen hat. Trendelenburg geht S. 229 in den „Histor. Beiträgen" davon aus, dass Kant allerdings gezeigt habe, Raum und Zeit seien a priori in uns, darum ihrem Ursprunge nach subjektiv, aber er bestreitet ihm das „nur", das „bloss" subjektiv. Wir haben bereits gesehen, welchen Werth diese seltsame Meinung habe. Wenn nun Trendelenburg, wie doch offenbar, mit Kant darin übereinstimmt, dass er auch Raum und Zeit für Anschauungen a priori, für Formen unserer Sinnlichkeit ansieht, die aller Erfahrung vorhergehen: so hat er damit Kant im Grunde die Hauptsache zugegeben, denn nach den obigen Aeusserungen Kant's in den Prolegomenag rüdet er gerade darauf seinen Beweis. Aber Trendelenburg sieht das nicht ein. Er findet die Hauptstelle des Beweises in der Kritik der reinen Vernunft S. 42 u. 49 (nach meiner Ausgabe S. 77 u. 83); es sind die Abschnitte in der transcendentalen Aesthetik, die Kant überschreibt „Schlüsse aus den obigen Begriffen (nämlich den Begriffen von Raum und Zeit)". Trendelenburg citirt diese Stelle, also den Beweis Kant's, so:

„Der Raum stellet", so heisst es wörtlich, „gar keine Eigenschaft irgend einiger Dinge an sich oder sie im Verhältniss auf einander vor, d. i. keine Bestimmung derselben, die an Gegenständen selbst haftete und welche bliebe, wenn man auch von allen subjektiven Bedingungen der Anschauung abstrahirte. Denn weder absolute noch relative Bestimmungen können vor dem Dasein der Dinge, welchen sie zukommen, mithin nicht a priori angeschaut werden."

Und Trendelenburg setzt kurz hinzu: „Dasselbe wird in entsprechender Behandlung von der Zeit ausgeführt." Dann fährt er fort:

„Ist nun dieser Beweis Kant's bündig? und giebt er

ausser jenem a priori einen Grund für die Unmöglichkeit, dass Raum und Zeit objektive Geltung haben?" Wir haben im vorigen Abschnitt bereits gesehen, dass Trendelenburg geradezu die Unwahrheit sagt, wenn er behauptet, Kant habe alle objektive Geltung von Raum und Zeit geläugnet. Doch er zeigt nun die Unbündigkeit des kantischen Beweises so:
„Was das Erste betrifft, so prüfen wir in diesem Schlusse den Untersatz:
„„Weder absolute noch relative Bestimmungen können vor dem Dasein der Dinge, welchen sie zukommen, mithin nicht a priori angeschaut werden.""
Dieser Satz ist gesetzt, aber weder bewiesen noch leuchtet er wie ein Grundsatz aus sich ein; er gehört zu solchen in Kant's Kritik, welche aus der gewöhnlichen Betrachtungsweise des Empirismus stillschweigend entlehnt sind. Aber selbst dieser kann man seine Schwäche klar machen. Allem Dasein der Dinge gehen Bedingungen voran, welche also auch vor dem Dasein der Dinge können erkannt werden, das Eisen z. B. vor dem Schwert, dem es als Bestimmung zukommt. Nichts hindert daher, dass Raum und Zeit als solche Bedingungen vor dem Dasein der Dinge, welchen sie, weil sie sich ihnen einbilden. zukommen, a priori können angeschaut werden. So ist der Schluss, der durch einen so zweifelhaften Untersatz zu Stande kommt, ohne Halt."

Sehen wir diese Entgegnung genauer an.

Trendelenburg zeigt die Unbündigkeit des kantischen Beweises durch die Unrichtigkeit oder, wie er sich schwankend ausdrückt, die Zweifelhaftigkeit des Untersatzes. Was behauptet nun Kant in diesem? Dass „weder absolute noch relative Bestimmungen eines Dinges a priori. d. i. vor dem Dasein eines Dinges, dem sie zukommen, können angeschaut werden". Kant geht offenbar davon aus, dass, wenn ich von einem Dinge Bestimmungen aussagen will, seien es absolute, d. h. Beschaffenheiten seines Wesens, oder relative. d. h. Verhältnisse zu andern Dingen, dieser Gegenstand doch zuvor da sein, von mir als daseiend erkannt sein muss. Sonst würde ich Bestimmungen aussagen über einen Gegenstand, der nicht existirt, also über ein Nichts. Nun aber kann ich einen existirenden Gegenstand nur durch sinnliche Anschauung erkennen, also seine absoluten und relativen Bestimmungen gleichfalls nur auf diese Weise. Dennoch besitzen wir in den reinen Anschauungen von Raum und Zeit Bestimmungen eines Dinges vor der Erfahrung, indem wir a priori die äusseren Dinge im Raum neben einander ordnen und die innern Wahrnehmungen in der Zeitfolge. Diese Bestimmungen gehen also von uns aus, und nicht von den Dingen. Desshalb sind die Dinge in Raum und Zeit nicht die Dinge an sich, sondern Erscheinungen derselben nach den Bestimmungen, die wir ihnen a priori vorschreiben. Kant unterscheidet Bestimmungen der Dinge an sich und Bestimmungen der Dinge durch die Bedingungen unserer Anschauung. Was erwidert nun Trendelenburg? Er sagt von dem Satze Kant's schlankweg: „Dieser Satz ist gesetzt, aber weder bewiesen noch leuchtet er wie ein Grundsatz ein." Er wäre nicht bewiesen? Die ganze transcendentale Aesthetik ist sein Beweis. Und die Voraussetzung Kant's, dass wir die Existenz der Dinge nur durch sinnliche Anschauung erkennen, ist allerdings ein Grundsatz, der von selbst einleuchtet aus innerer Selbsterkenntniss. Trendelenburg aber sagt: „er gehört zu solchen in Kant's Kritik, welche aus der gewöhnlichen Betrachtungsweise des Empirismus stillschweigend entlehnt sind." Das sagt er von Kant, dem so gründlichen und genauen kritischen Durchforscher der Vernunft? Kant hätte so Etwas stillschweigend und unbesehen entlehnt? Und wäre der Satz eine Behauptung des Empirismus, giebt es nicht neben dem einseitigen und verkehrten Empirismus auch einen richtigen und wohlbegründeten, giebt es nicht empirische Wahrheit, empirische Realität? In der That, mit dieser Bemerkung Trendelenburg's ist gar nichts gesagt. Aber er will dem Empirismus „seine Schwäche" klar machen. Wessen Schwäche? die

Schwäche des Empirismus oder des kantischen Satzes? Wohl das Letztere. Und er entgegnet Kant: „Allem Dasein der Dinge gehen Bedingungen voran, welche also auch vor dem Dasein der Dinge können erkannt werden." Bedingungen? Das ist ja gerade, was Kant behauptet. Diese Bedingungen liegen in der Form unserer Sinnlichkeit, und können also also auch a priori erkannt werden. Kant verneint aber **Bestimmungen** der Dinge a priori. Doch Trendelenburg giebt ein Beispiel. Er sagt: „Das Eisen z. B. vor dem Schwert, dem es als Bestimmung zukommt." Wie? Dem Eisen soll a priori die Bestimmung zum Schwerte angeschaut werden? A priori? Ist denn die Bestimmung des Eisens zum Schwerte eine nothwendige? Ist jedes Eisen zum Schwerte, nur zum Schwerte bestimmt? Und ich weiss nicht, wie Trendelenburg es anfängt, einem Stück Eisen diese nothwendige Bestimmung anzusehen, ja, gar noch, ehe das Eisen sinnlich als Gegenstand erkannt ist. „Nichts hindert daher," schliesst er seine Entgegnung, „dass Raum und Zeit als solche Bedingungen vor dem Dasein der Dinge, welchen sie, weil sie sich ihnen einbilden, zukommen, a priori können angeschaut werden." **Bedingungen**, welche sich den Dingen einbilden? Das verstehe ich nicht. Wohl aber Bestimmungen, welche sich in Folge der Bedingungen unserer sinnlichen Anschauung den Dingen einbilden, obwohl ich für das Letztere einen besseren Ausdruck wählen würde. Nun, das ist ja wieder, was Kant behauptet; diese Bestimmungen gehen von uns aus, und haften nicht an den Dingen an sich. Gerade darauf gründet sich sein Beweis. — So ist die Trendelenburg'sche Kritik des direkten Beweises Kant's Satz für Satz grundfalsch.

Wir gehen weiter zu seinem indirekten Beweis, den ja Trendelenburg gleichfalls verwirft.

Der Letztere erinnert zunächst S. 231 an den Zusammenhang, den er im Ganzen richtig darstellt. Kant macht auf diesen indirekten Beweis für seinen Schluss in der transcendentalen Aesthetik, dass die Dinge in Raum und Zeit nur unsere Vorstellungen, Erscheinungen seien, aufmerksam in seiner Lehre von den in unserer Vernunft begründeten Antinomieen, Widersprüchen; er stellt diese dar in Thesen und Antithesen, und beweiset gleichmässig die Sätze und die Gegensätze. Da nun aber, schliesst Kant, sich unsere Vernunft unmöglich selber widersprechen kann: so muss es eine Lösung, Auflösung für diese Widersprüche geben, und diese Lösung leitet er aus jener Lehre in seiner transcendentalen Aesthetik her, da hier Ding an sich und Erscheinung gegenüberstehen. So entwickelt sich seine Lehre des transcendentalen Idealismus, als die allein richtige Erklärung und Lösung der Antinomieen in unserer Vernunft.

Ich gebe Trendelenburg auch darin Recht, dass wir hier für unsern Zweck nur die Betrachtung der ersten Antinomie nöthig haben, obwohl er zu behaupten scheint, dass alle vier Antinomieen in Thesen und Antithesen in gleicher Weise fehlerhaft und darum zu verwerfen seien, und damit die ganze grosse Entdeckung Kant's vernichtet. — Im Allgemeinen bemerkt er zuerst S. 233: „es sei misslich, richtige Folgen einer Annahme für einen Beweis ihrer Richtigkeit anzusehen, da aus Falschem Richtiges folgen könne." Er will damit die Folgerung Kant's tadeln, dass, weil in seiner Unterscheidung von Ding an sich und Erscheinung sich eine Lösung der Antinomieen finde, darum auch eben jene Unterscheidung als eine richtige erscheinen müsse. Wohl gemerkt, Kant selbst nennt dies einen nur indirekten Beweis, der zwar keinen dogmatischen, aber doch kritischen und doctrinalen Nutzen habe. Für seine Behauptung der „Misslichkeit" einer solchen Folgerung giebt Trendelenburg als Grund an: „da aus Falschem Wahres folgen kann." Das ist unklar und zweideutig ausgedrückt. Denn man könnte die Behauptung so verstehen: aus falschen Prämissen könne ein logisch wahrer Schluss gezogen werden. Dann aber wäre die Behauptung eine logische Unmöglichkeit, denn der Schluss, der aus falschen Prämissen hergeleitet wird, muss immer logisch gleichfalls falsch sein. Nein, so meint es

Trendelenburg auch wohl nicht, sondern vielmehr so: die Behauptung, die logisch unrichtig abgeleitet wird, könne aus anderen Gründen eine Wahrheit enthalten. Also, auf unsere vorliegende Sache angewendet: die kantische Lösung der Antinomieen könne aus andern Gründen etwas Wahres sein, ohne dass damit die Lehre der transcendentalen Aesthetik als richtig bewiesen sei. Doch, wir wollen uns dabei nicht länger aufhalten. Trendelenburg selbst setzt hinzu: dies Bedenken ist formaler Natur, und geht dann ohne Weiteres auf die Betrachtung der Antinomieen selber über. Er will also die Falschheit jener Prämissen zeigen, aus denen Kant etwas vielleicht Wahres hergeleitet hat; er will, sagt er, darzuthun versuchen: „1) die behandelten Antinomieen sind keine Antinomieen; 2) wenn sie es wären, so würden sie nicht dadurch gelöset, dass Raum und Zeit nur subjektiver Art seien."

Für das Erste greift er die kantischen Beweise an, denn „Antinomieen liegen nur dann vor, wenn der Satz und das ihm widersprechende Gegentheil gleich bündig bewiesen sind oder die Beweise einander widerlegen". Obwohl Kant dies hier behaupte, so bezweifele er es, und gleichsam zum Schutz für seinen kühnen Angriff auf die Beweisführung eines so scharfen Denkers beruft er sich auf Schopenhauer, der in seiner Kritik der kantischen Philosophie in der Reihe der Thesen und Antithesen durchgängig die Beweise der Thesen angefochten habe. Doch, was sage ich? Trendelenburg begnügt sich nicht einmal damit, gleich Schopenhauer die Beweise der Thesen zu verurtheilen und damit die Thesen zu vernichten. „Aber man kann weitergehen" sagt er. „Denn die Schwäche fällt nicht selten auch in den Beweis der Antithesis." Es ist hier nicht der Ort und meine Aufgabe, die Darstellungen Schopenhauer's zu beurtheilen. Aber ganz abgesehen davon, ob und wie dieser Kant verstanden habe, lässt es sich wohl denken, dass Einer entweder die Thesen gegen die Antithesen oder diese gegen jene verwerfe. Denn offenbar stehen sich hier zwei entgegengesetzte

Ansichten der Welt gegenüber, eine ideale und eine empirisch reale. Der einseitige Idealist wird die Behauptung der realen Antithesis verwerfen und ihre Wahrheit verkennen, der einseitige Realist aber wird die Behauptung der Thesis für eine leere Phantasie ohne Wirklichkeit und Wahrheit ansehen. Wie nun aber Jemand die Antinomieen überhaupt, Thesen und Antithesen mit einander verläugnen könne, begreife ich nicht. Wer im Ernste behaupten wollte, er finde in seiner Vernunft oder in der menschlichen Vernunft überhaupt nichts weder von der Wahrheit, die in den Thesen liegt, noch von der in den Antithesen, wahrlich, ich wüsste nicht, was ich von dessen Verstand und Selbsterkenntniss denken sollte. Doch, hören wir Trendelenburg über die erste Antinomie.

Die Thesis lautet: Die Welt hat einen Anfang in der Zeit, und ist dem Raume nach auch in Grenzen eingeschlossen.

Kant führt den Beweis für diese Behauptung apagogisch, indem er das Gegentheil annimmt und zeigt, dass dann etwas Unmögliches folge. — Für den ersten Satz in der Thesis, dass nämlich die Welt in der Zeit einen Anfang habe, zeigt Kant, dass bei Annahme des Gegentheils eine vollendete, abgeflossene, aber zugleich unendliche Weltreihe angenommen werden müsse, was ein Widerspruch und darum unmöglich sei.

Trendelenburg entgegnet:

„Der Fehler dieses Schlusses liegt im Untersatz. Wer behauptet, dass die Welt keinen Anfang in der Zeit habe, behauptet, dass die Bedingungen des Zustandes, den wir erkennen, rückwärts Bedingungen habe ohne Anfang. Dass mit dem Punkte der Gegenwart die unendliche Reihe vollendet wäre, behauptet er nicht; denn wahrscheinlich lässt er auch vorwärts den Verlauf nicht enden."

Dies ist vollkommen irrig. Denn da wir uns unter der Welt ein vollendetes Ganzes denken, so muss sie zu jedem gegebenen Zeitpunkte als ein solches angenommen werden. Mit jedem gegebenen Zeitpunkt setze ich ihr vorwärts eine Grenze, als Ganzes müsste sie aber auch rückwärts eine Grenze haben, einen Anfang. Rückwärts aber erscheint mir der Verlauf in der unendlichen Zeit als unendlich. Wer darum die Unendlichkeit der Zeitreihe ohne Anfang behauptet, behauptet, dass bis zu einem gegebenen Zeitpunkte etwas Unendliches vollendet sei. Das ist der Widerspruch.

Trendelenburg aber sagt:

„Es ist dadurch, dass es in der unendlichen Linie einen Punkt giebt, auf welchem der Betrachtende steht, die unendliche Linie nicht vollendet."

Allerdings muss ich sie mir als vollendet vorstellen, da ich mir in einem gegebenen Zeitpunkte die Weltreihe als völlig abgeflossen denke, weil sie sonst nicht bis zu der Grenze des Augenblicks gekommen sein könnte.

„Der unendliche Blick, der sich in der anfangslos gedachten Welt rückwärts öffnet, ist von Kant in ein Unendliches überhaupt verwandelt, und nun der Standpunkt des rückwärts gekehrten Zuschauers als eine Grenze des Unendlichen genommen, um einen Widerspruch da hervorzurufen, wo keiner ist. Mit der erkannten Subreption löst sich der Beweis."

So Trendelenburg. Allein von einem unendlichen Blick ist hier nicht die Rede, sondern von der Vorstellung einer unendlichen Weltreihe in einer unendlichen Zeit. Kant hat hier nichts verwandelt und verwechselt. Der Standpunkt dessen, der sich in irgend einem Augenblick die abgeflossene Weltreihe vorstellt, setzt ihr wirklich in eben diesem Augenblick eine Grenze. Ein anfangsloses Ganzes ist ein Widerspruch. Dieser ist hier, und von Kant nicht, wie Trendelenburg behauptet, erschlichen. — Der Beweis hat seine Kraft und besteht.

Die Antithesis behauptet: Die Welt hat keinen Anfang in der Zeit. — Aus der Annahme des Gegentheils, sagt Kant, gehe die Nothwendigkeit der Vorstellung einer leeren

Zeit hervor, in der die Welt noch nicht war. Allein in einer leeren Zeit könne nichts entstehen, da die Bedingung dazu fehle.

Trendelenburg erwidert:

„Es giebt eine Ansicht, z. B. die des Plato, nach welcher die Zeit zur entstandenen Welt gehört und vor dieser nicht da ist. Auf diese passt der Beweis nicht."

Das ist schon recht. Aber ein Solcher, der diese Ansicht von der Zeit hat, sei es Plato oder Trendelenburg oder ein Anderer, müsste sich erst von Kant belehren lassen, dass die Zeit kein wirklicher Gegenstand sei, der etwa mit den anderen Dingen der Welt zugleich geschaffen sein könne, sondern dass sie nur eine in unserer Sinnlichkeit begründete Form sei.

Trendelenburg sagt weiter:

„Aber gesetzt, man rechnet die leere Zeit nicht zur Welt und als etwas vor der Welt: so ist die Zeit, an und für sich genommen, in der Welt so unterschiedslos, wie vor der Welt. Die Unterschiede stammen aus der Erfüllung der Zeit, aber nicht aus der Zeit als solcher. Es geht nicht an, von der Zeit unterscheidende Bedingungen des Daseins zu fordern."

Das ist ja ganz das, was Kant meint. In einer leeren Zeit, sagt er, fehlt die Bedingung zu etwas Anderem, das seinen Anfang nehme, denn das Bedingte hat seine Bedingung in dem, was vor ihm ist. In einer leeren Zeit ist aber nichts, also kann in einer solchen auch nichts seinen Anfang nehmen.

Trendelenburg schliesst:

„Da die Zeit als solche, abgesehen von ihrem Inhalt, unterschiedslos verfliesst: so kommt das der leeren Zeit entnommene Argument nicht zu Stande."

Die Zeit selbst fliesst nicht ab, sondern nur die Begebenheiten in ihr. Sie ist die Form, in der eine unendliche Reihe von Begebenheiten rückwärts und vorwärts gedacht werden kann. So hat das von Kant der leeren Zeit entnommene Argument seine Richtigkeit.

Der andere Satz der Thesis lautet: Die Welt hat dem Raum nach Grenzen. — Kant beweiset, dass aus der Annahme des Gegentheils die Forderung der successiven Synthesis der Theile einer unendlichen Welt, die vollendet wäre, hervorgehe; diese aber sei unmöglich.

Trendelenburg erwidert:

„Ein Beweis, der die unmögliche Durchzählung aufnimmt, hält sich nur in der subjektiven Auffassung der Welt; wo diese unmöglich ist, kann immerhin die Sache möglich sein. Ueberdies führt die Voraussetzung, dass die unendliche Welt ein unendliches gegebenes Ganze wäre, schon stillschweigend die Quelle eines Widerspruchs ein, da wir dem Unendlichen gegenüber das Ganze als begrenzt und endlich vorstellen müssen."

Mit dem ersten Satze der Entgegnung ist gar nichts gesagt. Denn wir beschäftigen uns doch hier und können uns allein beschäftigen mit unserer menschlichen Auffassung der Welt; von der Weltauffassung eines etwaigen Mondbewohners oder eines anderen Wesens haben wir nicht die geringste Vorstellung. Mit dem zweiten Satz sagt Trendelenburg wieder eben das, was auch Kant meint. Wir denken uns unter der Welt das vollendete All der Dinge, denken wir uns diese aber coexistirend im Raume neben einander: so widerspricht die Unendlichkeit der Form des Raums dem vollendeten Ganzen der Welt.

Die Antithesis ist: Die Welt hat keine Grenzen im Raume. — Kant folgert aus der Annahme des Gegentheils, dass wir dann einen leeren Raum ausser der Welt annehmen müssten, also das Verhältniss der Welt zum Leeren, zu keinem Gegenstande.

Trendelenburg erwidert:

„Wer den Raum für einen Gegenstand der Erfahrung hält, rechnet ihn zu der entstandenen Welt als einen

Theil derselben und für diesen hat der Beweis keine Kraft. Wenn man aber den Raum nicht für eine Sache nimmt: so lässt sich die Welt zu ihm in kein Verhältniss setzen, und das Ungereimte fällt weg."

Was den ersten Satz betrifft, so muss ich dasselbe entgegenhalten, was oben bei der Zeit. Wer den Raum für einen Theil der Welt, einen wirklichen Gegenstand ansieht, muss sich erst von Kant belehren lassen, dass er nichts weiter ist als die Form, in der wir die Dinge neben einander ordnen. Da Trendelenburg, wie wir früher gesehen haben, darin mit Kant übereinstimmt, dass der Raum kein Gegenstand der Erfahrung ist, sondern ein a priori: so müsste für ihn ja in dieser Beziehung der Beweis seine Kraft behalten. Mit dem zweiten Satz sagt er wieder dasselbe, was auch Kant. Ist der Raum nur die unendliche Form: so hat er selbst keine Grenzen. Denke ich mir aber in ihm die begrenzte Welt: so bleibt neben dieser noch der leere Raum. In ihm ist aber nichts, und doch müsste ich nach der Annahme mir die Welt zu ihm in Verhältniss, in Zusammenhang denken, also ein Verhältniss zu nichts, was eben das Ungereimte ist.

Nachdem Trendelenburg in dieser Weise die erste Antinomie abgethan zu haben glaubt, fügt er noch einige allgemeine Bemerkungen und Einwürfe hinzu.

Er meint, wenn auch die Richtigkeit der Beweise für die Antinomieen und damit diese selbst zugegeben würden: so liesse sich doch leicht wahrnehmen, dass hier die Verwickelung und der Widerspruch durch andere Begriffe, die hineinspielen, entständen, nämlich Causalität, Realität, Totalität, und nicht bloss durch die Anschauungen von Raum und Zeit. Die Dialektik der Beweise gehe von diesen Begriffen aus, und Kant hätte in dieser die Lösung suchen sollen, nicht in der Lehre von Raum und Zeit.

Dagegen muss ich bemerken, dass dieser Einwand nicht unrichtig wäre, hätte Kant hier einen direkten Beweis zu geben gemeint. Er nennt ihn aber einen indirekten. Ganz richtig, der Knoten der Verwickelung in den Antinomieen schürzt sich nur zu einem Theile durch jenen Schluss in der transcendentalen Aesthetik, durch die Behauptung, dass die Welt in Raum und Zeit eine Welt der Erscheinungen sei. In den Antinomieen kommt andern Theils die ideale Behauptung der Totalität hinzu: so erst entstehen die Widersprüche, die Thesen und Antithesen. Uebrigens sucht Kant ja gar nicht die Lösung der Antinomieen in seiner Lehre von Raum und Zeit, sondern vielmehr in seiner Lehre des transcendentalen Idealismus.

Wo Kant von seinem indirekten Beweise redet (S. 418), fügt er hinzu:

„Der Beweis würde in diesem Dilemma bestehen: Wenn die Welt ein an sich existirendes Ganzes ist, so ist sie entweder endlich oder unendlich. Nun ist das Erstere sowohl als das Zweite falsch (laut der oben angeführten Beweise der Antithesis einer, und der Thesis anderer Seits). Also ist es auch falsch, dass die Welt (der Inbegriff aller Erscheinungen) ein an sich existirendes Ganzes sei. Woraus dann folgt, dass Erscheinungen überhaupt ausser unseren Vorstellungen nichts sind, welches wir eben durch die transcendentale Idealität derselben sagen wollten."

Dazu fragt Trendelenburg: „Folgt das wirklich?"

Nun, ich möchte doch wissen, wer an der Richtigkeit dieser logischen Folgerung zweifeln könnte. Die Logik lehrt: Von zwei contradictorisch entgegengesetzten Urtheilen muss nothwendig eines wahr sein, ausgenommen in dem Falle, wo im Subjekte widersprechende Merkmale verbunden sind; dann sind beide falsch. z. B. dieser viereckige Zirkel ist rund oder nicht rund. Hier sind logisch beide Urtheile falsch. Denn er kann nicht rund sein, da er viereckig ist, wie das Subjekt sagt; er kann aber auch nicht viereckig, also nicht — rund sein, weil er ein Zirkel ist. Warum? Weil der Subjektsbegriff einen inneren Widerspruch enthält. Ebenso ist es der Fall, wenn man von der Welt in Raum und Zeit als dem an sich existirenden All aller Dinge urtheilt: sie ist endlich oder unendlich. Beides ist falsch. Endlich kann sie nicht sein, weil ihre Formen, Raum und Zeit, unendlich sind; unendlich aber auch nicht, weil ich mir unter ihr das vollendete Ganze aller Dinge denke. Also muss im Subjekte ein innerer Widerspruch sein, und es ist der: Welt als das an sich existirende Ganze, und Welt in Raum und Zeit. Darum schliesst Kant vollkommen logisch richtig: also kann die Welt in Raum und Zeit nicht das All der an sich existirenden Dinge sein; sie ist eine Welt der Erscheinungen. Trendelenburg aber sagt: „Dadurch sind die Antinomieen nicht gelöst. Denn auch für die Welt der Erscheinungen wird genau derselbe Widerstreit durch dieselben Begriffe entstehen. Also z. B. die Erscheinungen haben einen Anfang in der Zeit u. s. w." Das wäre meiner Meinung nach unmöglich. Denn wenn Jemand im Subjekte die Welt in Raum und Zeit als Erscheinungswelt hätte, ohne zugleich das widersprechende Merkmal des an sich existirenden Ganzen, so ist in ihm kein Widerspruch, und vernünftiger Weise kann, wenn ich von dieser Welt sage, sie ist endlich oder unendlich, nur das Eine richtig sein, nämlich, dass sie unendlich ist wegen der Unendlichkeit ihrer Formen, Raum und Zeit. Darum kann von der Erscheinungswelt nicht gesagt werden, sie hat in der Zeit einen Anfang und im Raume Grenzen. — Nun folgt eine Auseinandersetzung, wie Trendelenburg sagt, wider eine Einwendung, die ihm hier vielleicht gemacht werden könnte. Ich gestehe, mir ist weder die Einwendung noch die Bestreitung derselben recht klar. Ist der Sinn etwa dieser? Es ist der einzige, den ich etwa darin finden könnte. Nämlich, es könnte Jemand gegen die Behauptung Trendelenburg's, dass sich auch für die Welt der Erscheinungen die Widersprüche der Antinomie wiederholten, einwenden: Nein, denn die Erscheinungen müssen einen Anfang haben, weil sie erst mit dem Menschen angefangen haben und nur für Menschen da sind. Und er sagt: „Dieser Ausweg hilft nichts." "Wie im menschenleeren Zimmer, in welchem ein Spiegel hängt, immer die Bedingungen zum Spiegelbild vorhanden sind, ohne dass es selbst da ist: so würde auch in der menschenleeren Welt diese Bedingung für die Erscheinungen bleiben und die Frage geht dann auf diese." Aber diese Entgegnung scheint mir irrig. Denn in einem menschenleeren Zimmer sind mit dem vorhandenen Spiegel nicht alle Bedingungen zum Spiegelbild gegeben: es fehlt der Gegenstand, hier doch wohl der Mensch, dessen Bild erscheinen soll, und der Mensch, der sein Bild anschaut. So ist von dem Unterschied zwischen Ding an sich und Erscheinung nur für den Menschen die Rede, und in einer menschenleeren Welt hat diese menschliche Unterscheidung keinen Sinn. Habe ich damit den gemeinten Sinn der Einwendung getroffen: so muss ich die Entgegnung Trendelenburg's für nichtig halten.

Trendelenburg macht dann noch eine beiläufige Bemerkung, von der er aber sagt, dass sie die Sache betrifft, nämlich: „Dass sich uns immer das, was wir als den Grund des Nothwendigen erkennen, als das Ewige darstellen muss. Daher erscheint bei Kant in dem Beweise der Antithesis der Raum und die Zeit und die Causalität als das, was immer war. Wir können sie nicht wegdenken." — Dagegen möchte ich ebenso beiläufig, aber die Sache betreffend dies bemerken. Trendelenburg scheint damit die Unendlichkeit von Raum und Zeit erklären zu wollen. Allein dafür können wir keine Erklärung geben, und bedürfen sie auch nicht. Denn wir unterscheiden das Zufällige in unserer Erkenntniss, nämlich das, was uns erst durch die von uns unabhängige Erfahrung gegeben wird, von dem Nothwendigen, dem in unserer eigenen Vernunft Begründeten. Zu dem Letzteren gehören auch die eigenthümlichen Formen, Raum und Zeit. Die Frage nach dem Grunde dieser Beschaffenheit unserer sinnlichen Vernunft wäre eine thörichte und aberwitzige. Uebrigens begeht Trendelenburg in seiner Erklärung, „dass der Grund des Nothwendigen sich als das

Ewige darstellen muss", eine Verwechselung. Ewigkeit ist nicht „das, was immer war", nicht das Unendliche. Ewigkeit und Unendlichkeit sind nicht Wechselbegriffe. Die Verwechselung und Vermengung dieser beiden Bezeichnungen, als wären sie gleichbedeutend, ist allerdings eine sehr häufig vorkommende, wir finden sie auch wohl bei Kant. Aber es ist dazwischen ein wesentlicher Unterschied. Dies lässt sich schon daran erkennen, dass wir zwar an die Ewigkeit unserer Seele glauben, nicht aber an ihre Unendlichkeit; wir nennen Gott ein ewiges Wesen, nicht aber ein unendliches. Denn Ewigkeit hat eine ideale Bedeutung. Ewigkeit ist nicht „Immersein, Unendlichkeit", sondern Erhabenheit über alle Zeit überhaupt. Darum kommt jene Verwechselung auch wohl für die Zeit vor, nicht aber für den ebenfalls unendlichen Raum; wir reden wohl von der Ewigkeit der Zeit, nie aber von der Ewigkeit des Raums. Warum wohl? Ich meine desshalb, weil der Raum nur die Form der Nebenordnung für die Materie, die ausgedehnten Körper ist. Aber diese sind uns für die ideale Ansicht der Dinge nichts. Die Zeit dagegen ist uns die Form, in der uns die wechselnden Zustände unsers Geistes erscheinen; und der Geist allein bleibt uns für die ideale Ansicht der Dinge stehen.

Hiermit schliesst Trendelenburg eigentlich die Betrachtung, die wir unserer Kritik unterworfen haben. Denn er sagt:

„In dem Vorhergehenden sind folgende Sätze begründet: erstens, die behandelten Antinomieen sind keine Antinomieen, zweitens, wenn sie es wären, so wären sie nicht dadurch gelöst, dass Raum und Zeit nur subjektiver Natur sind.

Hieraus folgt, dass in den Antinomieen kein indirekter Beweis der transcendentalen Aesthetik vorhanden ist, also auch kein Beweis der Unmöglichkeit, dass Raum und Zeit subjektiv und objektiv zugleich sein können. Wir gewinnen aus ihnen nichts Neues,

das den Schluss Kant's ergänzte, den einzigen, der wirklich da ist: Raum und Zeit haben einen Ursprung a priori; also sind sie subjektiv, nur subjektiv." Dagegen meine ich, klar gezeigt zu haben:
1) dass Kant allerdings für Raum und Zeit eine objektive Gültigkeit behaupte;
2) dass sein Schluss, die Welt in Raum und Zeit sei nur eine Welt der Erscheinungen, von seinem Standpunkte aus ein richtiger sei;
3) dass trotz der Einwendungen Trendelenburg's die Antinomieen bestehen, und Kant hier einen indirekten Beweis finden konnte für seinen Schluss in der transcendentalen Aesthetik, da er die Lösung der Antinomieen in seiner Lehre des transcendentalen Idealismus findet.

Doch folgt noch ein Zusatz. „Um im Verständniss Kant's nichts zu versäumen", sagt Trendelenburg, „erwähnen wir noch einer Stelle aus der 2. Auflage der Kritik der reinen Vernunft (S. 166 ff.), welche zwar zur transcendentalen Aesthetik nicht gehört, aber bei der transcendentalen Deduction der reinen Verstandesbegriffe etwas jener dritten Möglichkeit Analoges erörtert."

Kant nämlich geht dort von seinem Grundsatz aus: „entweder die Erfahrung macht diese Begriffe, oder diese Begriffe machen die Erfahrung möglich". Das Erstere, sagt er, sei nicht möglich, denn die Kategorieen seien Begriffe a priori, mithin unabhängig von der Erfahrung. Also bleibe nur das Zweite. Er wendet dies auch auf die Formen der reinen Anschauung an, auf Raum und Zeit, weil auch diese nicht empirische Begriffe, sondern Begriffe a priori seien. Er fährt dann fort, dass Jemand vielleicht noch einen Mittelweg vorschlagen könne, und zeigt das Thörichte eines solchen Vorschlags. Da nun Trendelenburg in diesem Punkte mit Kant übereinzustimmen scheint, denn er sagt: „der Mittelweg ist der gesuchte Weg nicht", so brauchen wir für unsern Zweck nicht weiter darauf einzugehen. Aber am Schlusse seiner Erörterung entdeckt er hier einen augenscheinlichen Beleg für seine Behauptung, dass Kant in der Frage über die transcendentale Idealität des Raumes und der Zeit die sogenannte dritte Möglichkeit unbeachtet bei Seite liess. Er meint, dem vorhin angeführten Grundsatze Kant's fehle das dritte Glied: „entweder die Erfahrung macht diese Begriffe oder die Begriffe machen die Erfahrung möglich, oder die Erfahrung und diese Begriffe sind durch einen gemeinsamen Ursprung bedingt". Was der Grundsatz für die Kategorieen bedeute, geht uns hier nicht an, was aber derselbe in Beziehung auf Raum und Zeit zu sagen habe, und wie es mit dem möglichen dritten Gliede stehe, darüber werde ich meine Meinung in einem späteren Abschnitte sagen, wo ich auf die wirklichen Fehler in der Lehre Kant's eingehe.

Das Uebrige in der betrachteten Abhandlung Trendelenburg's bezieht sich nur auf seinen Streit mit Kuno Fischer, worüber ausführlicher in seiner Broschüre „Kuno Fischer und sein Kant" geredet wird. Wie schon am Anfang bemerkt, findet sich wohl später, aber noch nicht hier, ein schicklicher Platz, um auch darüber einige Worte zu sagen.

3. Die Verwerfung der Lehre Kant's von Raum und Zeit im Ganzen und das Missverständniss des transcendentalen Idealismus.

Ich habe im Vorhergehenden nur die Abhandlung Trendelenburg's in Betracht gezogen, die wir in seinen „Historischen Beiträgen zur Philosophie" finden, und in welcher er eine Lücke in Kant's Beweis von der ausschliessenden Subjektivität des Raumes und der Zeit nachweisen wollte. Es bezog sich dies auf die Schlüsse und Folgerungen, welche Kant aus seiner Erörterung der Begriffe von Raum und Zeit herleitet. Hierin verwarf Trendelenburg sowohl den direkten als den indirekten Beweis Kant's, und wir haben gesehen, wie ihm dieses misslungen ist.

Dabei schien es nun, als ob Trendelenburg zwar die Schlüsse Kant's tadelte, aber doch mit den Begriffen selbst, aus denen Kant sie ableitete, einverstanden sei. Denn er nennt selbst Raum und Zeit wiederholt nothwendig und allgemein, a priori, subjektiv. Ich habe zwar nachgewiesen, dass dies eine oberflächliche und unbestimmte Bezeichnung sei, die in dieser Weise bei Kant nicht vorkomme; allein in der Abhandlung, die wir bisher betrachtet haben, erscheint doch ein direkter Angriff auf die Begriffe selbst nicht. Einen solchen finden wir nun aber doch in Trendelenburg's „Logischen Untersuchungen. Bd. 1. Abschn. VI". Dort kommt Trendelenburg inmitten der ausführlichen Entwickelung und Darstellung seiner Theorie der Bewegung auch auf Raum und Zeit zu sprechen, und wie er Alles und Jedes aus der Bewegung herzuleiten und zu erklären sich bemüht, so meint er auch, besser als Kant damit die Eigenthümlichkeit von Raum und Zeit erfassen und darstellen zu können. Denn die kantischen Begriffe wollen ihm nicht recht zu seiner Theorie passen. Er sagt S. 156: „Wenn die Gründe (nämlich Kant's Gründe für die subjektiven Formen von Raum und Zeit) darthun, was sie darthun sollen: so muss sich auch die Ansicht über die Bewegung ändern." Desshalb muss er denn auch die kantischen Begriffe bestreiten. Im Grunde wird uns aber hier wenig Neues geboten, denn Trendelenburg kommt immer wieder nur auf das alte Thema zurück: zwar subjektiv, aber nicht nur subjektiv, sondern subjektiv und objektiv zugleich, und am Ende auch a priori und a posteriori zugleich, zufällig und nothwendig zugleich. Bei solcher Confusion und Vermengung ist eigentlich eine scharfe Begriffsbestimmung und ein klarer Streit über wissenschaftliche Gegenstände gar nicht möglich. Doch hören wir Trendelenburg über die Erörterung der Begriffe von Raum und Zeit in der transcendentalen Aesthetik Kant's.

Kant zeigt dort zuerst in der metaphysischen Erörterung des Begriffes vom Raum:

1) Der Raum ist kein empirischer Begriff, der von äusseren Erfahrungen abgezogen worden. Denn damit ich Etwas als ausser mir und Verschiedenes als neben einander vorstellen kann, muss die Vorstellung des Raumes schon vorhergehen. Also äussere Erfahrung ist erst durch diese Vorstellung möglich, und nicht umgekehrt.
2) Der Raum ist eine nothwendige Vorstellung a priori, die allen äusseren Anschauungen zum Grunde liegt. Denn man kann sich niemals eine Vorstellung davon machen, dass kein Raum sei.
3) Der Raum ist kein discursiver oder allgemeiner Begriff, sondern eine reine Anschauung. Denn man kann sich nur einen einigen Raum vorstellen; viele Räume sind nur Theile des Einen Raums. Diese Theile können nur in ihm gedacht werden. Das Mannichfaltige beruht lediglich auf Einschränkungen. Es liegt also eine Anschauung a priori allen Begriffen von ihm zum Grunde. Daher werden alle geometrischen Grundsätze aus der Anschauung und zwar a priori mit apodiktischer Gewissheit abgeleitet.
4) Der Raum wird als eine unendliche gegebene Grösse vorgestellt. Darum ist er kein Begriff. Denn kein Begriff als ein solcher kann so gedacht werden, als ob er eine unendliche Menge von Vorstellungen in sich enthielte. Die ursprüngliche Vorstellung vom Raum ist also Anschauung a priori und nicht Begriff.

In ähnlicher Weise zeigt Kant für die Zeit, dass sie kein empirischer Begriff, eine nothwendige Vorstellung sei, die allen Anschauungen zum Grunde liegt, worauf sich die Axiomen von der Zeit gründen, kein discursiver oder allgemeiner Begriff sei, sondern eine reine Form der sinnlichen Anschauung, eine unmittelbare oder reine Anschauung a priori.

Nachdem Trendelenburg diese Bestimmungen von Raum und Zeit und das damit Zusammenhängende, nämlich dass Raum und Zeit Formen unserer Sinnlichkeit seien, der Raum die Form des äusseren Sinnes, die Zeit die Form des inneren Sinnes, angegeben hat, sagt er Seite 158:

„Hiernach sind Raum und Zeit etwas Subjektives und zwar nach Kant etwas nur Subjektives. Wenn dies wirklich folgt, so verflüchtigt sich damit die ganze Weltansicht in Erscheinung, und Erscheinung ist vom Schein nicht weit entfernt."

Es folgt dann eine irrige Auffassung des Unterschiedes zwischen Erscheinung und Schein, worüber wir besser nachher reden bei Nachweisung des Missverständnisses des transcendentalen Idealismus Kant's.

Trendelenburg beschäftigt sich zunächst weiter mit den „gefährlichen Folgerungen" (S. 162), welche er aus der Subjektivität von Raum und Zeit herleitet. Er sagt:

„Alles erscheint in Raum und Zeit, die nur aus uns geboren sind. Wir erkennen nun nichts an sich; — —. Wie wollen wir uns von dem Zauberkreise lösen, da er vielmehr unser eigenstes Wesen ist?"

Ich antworte: Freilich, aus unserer Haut können wir nicht heraus; so lange wir Menschen sind, können wir die Dinge nicht anders als menschlich auffassen und erkennen. Was ist denn aber darin Zauberhaftes? Ich meine, es ist durchaus natürlich und selbstverständlich. Käme das jedoch Einem wie ein Zauber, „eine fremde Trübung" vor: so kann er sich von diesem Zauber, wenn er will, durch Nachdenken lösen. Er kann darüber klar werden, dass und wie unsere menschliche und natürliche Ansicht eine beschränkte und unvollkommene ist. Und begegnen wir bei solcher Selbsterkenntniss selbst unauflöslichen Geheimnissen: so kann uns auch das nicht als ein Zauber erscheinen, denn wir können einsehen, wesshalb dieselben nothwendig uns unauflöslich bleiben müssen.

Trendelenburg sagt weiter:

„Es ist der kantischen Ansicht nachgerühmt worden, dass sie die Nothwendigkeit der Geometrie begreife, die aus der reinen Form der Anschauung als Wissenschaft a priori hervorgehe. Wenn die Sicherheit der Geometrie auf dieser Stütze ruht, so fällt sie mit dem Subjekte; und wenn man den Raum wie eine gegebene Form aufnimmt, so kann diese zufällige Gabe einmal wechseln; und nichts widerspricht der Möglichkeit, dass andere Anschauungen andere Formen haben, vielleicht, geliebt es den Göttern, einen Raum mit zwei oder vier Abmessungen?"

Nun, will Trendelenburg etwa jenen Ruhm der kantischen Lehre auch zweifelhaft machen? So erkundige er sich bei jedem Geometer, ob er nicht seine Lehren mit unzweifelhafter Gewissheit ausspreche, und in welcher Weise er diese Gewissheit darthue. Allein aus der reinen Anschauung des Raums, dieser wichtigen Entdeckung Kant's. Und „diese zufällige Gabe kann einmal wechseln"? Doch nur, wenn wir aufhören, Menschen zu sein, begabt mit dieser sinnlichen Vernunft. Der letzte Satz aber klingt etwas spöttisch: „geliebt es den Göttern". Doch, was ist da zu spotten? Warum kann es nicht andere vernünftige Wesen geben mit anderer Vernunft als der unsrigen? Und müssten sie die Dinge gleich uns im Raume anschauen, warum sollte es undenkbar sein, dass dieser Raum für sie eine andere Form habe als der unsrige?

Eine andere Folgerung ist:

„Indem Kant durch das a priori von Raum und Zeit die Frage, wie eine reine Mathematik möglich sei, beantwortet, also die reine Mathematik erklärt, versperrt er, das a priori zu einem nur Subjektiven machend, der Erklärung der angewandten Mathematik den Weg. — — Wären nun Raum und Zeit nur Formen des subjektiven Geistes, so könnte die Mathematik nur das erfassen, was an den Erscheinungen unser eigenes Erkenntnissvermögen aus sich hergiebt, aber die andere Hälfte der Erscheinung müsste sie unberührt lassen; es wäre also angewandte Mathematik, welche doch nur dadurch die Erscheinung begreifen und zum Gehorsam bestimmen könnte, dass sie in ihr beide Elemente erfasste, unmöglich." Vollkommen richtig, erwidere ich; Mathematik geht mit ihrer Erklärung nur so weit, als wir Quantitatives vor uns haben: die Qualitäten kann sie nicht erklären. Nur insofern als an diesen sich auch Quantitatives findet, eine extensive oder intensive Grösse, hat sie Anwendung auf die Beschaffenheiten der Dinge, und nicht weiter, z. B. wir können wohl die Schallwellen in der Luft, und die Lichtwellen im Aether mit ihrer Hülfe beurtheilen und abmessen, aber wie aus diesen Bewegungen in Luft und Aether unsere geistige Wahrnehmung des Tons und der Farbe entstehe, das kann sie nicht erklären. Dass aber die durch Kant erklärte reine Mathematik eben die angewandte möglich mache, ich sollte denken, das läge auf der Hand. Beschäftigt sich jene mit den reinen Formen im Allgemeinen, so hat diese eben diese Formen, wie sie an den Dingen uns zur Erscheinung kommen, zum Gegenstand. Astronomie, Physik, Mechanik sind nicht nur die Zeugen der Möglichkeit der angewandten Mathematik, sondern eben diese Wissenschaften sind nur durch Anwendung der Mathematik möglich.

Trendelenburg sagt:

„Wenn die Naturwissenschaften so viel Gewissheit in sich haben, als es ihnen gelungen ist, ihre Beobachtungen der Rechnung und der Construktion zu unterwerfen: so wird mit dem nur subjektiven Princip von Raum und Zeit auch diese Gewissheit zweifelhaft."

Der Vordersatz enthält etwas durchaus Richtiges; an der Hand der Mathematik schreiten die Naturwissenschaften weiter, aber gerade darin liegt das unzweifelhaft Gewisse in ihren Resultaten. Denn die mathematischen Wahrheiten sind nothwendig und allgemein. Darum ist der Nachsatz durchaus falsch; es liegt ihm eine irrige Auffassung des Subjektiven zu Grunde. Wir nennen wohl eine Vorstellung eine nur subjektive, indem wir sie nur einem besonderen Subjekte als seine Eigenthümlichkeit zuschreiben. In diesem

Sinne aber sind Raum und Zeit und mathematische Einsicht nicht subjektive Vorstellungen. Sie finden sich nicht etwa bei diesem oder jenem Naturforscher als etwas Subjektives, Besonderes, Willkührliches und Zufälliges. Bewahre! Da sie in jeder menschlichen Vernunft gleichmässig vorhanden sind als zu ihrer Natur gehörend, so sind sie nothwendig und allgemein. Daran zweifelt kein Naturforscher.

Trendelenburg bemerkt weiter:

„Es ist der spannende Nerv in allem Erkennen, dass wir das Ding erreichen wollen, wie es ist; wir wollen das Ding, nicht uns. Dieser Nerv wird durch jene Annahme gelähmt, denn ihr gemäss jagen wir nach dem Dinge, fangen aber uns selbst ein. Man hat die Bescheidenheit der kritischen Ansicht gepriesen; aber bei einer solchen Bescheidenheit gehen wir bald mit der Wissenschaft betteln.".

Das sind alte Irrthümer. Allerdings, wir streben nach Wahrheit; aber das Hauptstück der von uns zu erkennenden Wahrheit ist das Bewusstsein und die Einsicht, dass alles menschliche Erkennen unvollkommen sei. Wir sind eben keine vollkommenen Götter, sondern als Menschen unvollkommene Wesen. Während diese Einsicht unserm Streben die rechte Richtung giebt und unsern Anspruch an die Erkenntniss der Wahrheit klar bestimmt, lähmt sie unser Streben durchaus nicht, belebt vielmehr unsern Eifer, das Feld unserer Erkenntniss so weit wie möglich zu durchmessen, unbeirrt durch falsche Ansprüche, und gewiss, dass wir auf dem rechten Wege des Forschens uns befinden. Mit allem unsern „Jagen nach dem Dinge" kommen wir doch nicht über unsere Vorstellungen und Erkenntnisse von ihm hinaus; denn es ist nicht möglich, auf die eine Seite unser Erkennen zu stellen, und auf die andere das Ding an sich, um so jenes mit diesem zu vergleichen. Wissen aber und Wissenschaft ist nur ein Theil unserer Erkenntniss, und es ist ein altes Vorurtheil, als ob das Wissen in uns das Gewisseste wäre. Der Glaube, der uns über das endliche Wesen der Erscheinungen zum Ewigen erhebt, hat keine geringere Gewissheit in unserer Vernunft, und die Ahnung, von ihm geleitet und belebt, lässt uns in der Schönheit und Erhabenheit der Erscheinungen das wahre Wesen der Dinge, das in ihnen ist, fühlen und erkennen. Das ist die Lehre Fries', des besten und grössten Schülers Kant's. Aber freilich, das ist für Trendelenburg keine Wahrheit, denn er sagt in Beziehung auf diese Lehre „Log. Untersuchungen" Bd. 2. XXII. S. 437: „Die Ahnung ist keine adäquate Form zur Erfassung der Wahrheit und im bewussten Widerspruch mit dem Wissen kaum eine dunkle schwanke Bürgschaft." Nun aber steht auch unser Glaube im bewussten Widerspruch mit dem Wissen. Will Trendelenburg den auch so gegen das Wissen geringschätzen? Erst Wissen, Glauben und Ahnen mit einander, als gleichmässig in unserer Vernunft begründet, und nimmermehr das Wissen allein, lehren uns, wie weit unsere Erkenntniss der Dinge, unsere menschliche Wahrheit reicht.

Nach Darstellung dieser „gefährlichen Folgerungen", wie er sagt, kommt Trendelenburg erst zur Kritik der oben angegebenen kantischen Begriffe von Raum und Zeit; und doch war dies gerade die Hauptsache, denn, jenachdem man diese Begriffe richtig oder falsch auffasst, wird man richtige oder falsche Folgerungen daraus herleiten.

Das Erste war, dass Kant zeigte, weder Raum noch Zeit sei ein empirischer Begriff, weil sie aller Erfahrung vorhergehen, und diese erst möglich machen. — Dagegen weiss Trendelenburg nichts Anderes einzuwenden, als sein ceterum censeo:

„Raum und Zeit sind etwas Subjektives und ein a priori. Das mögen wir getrost schliessen. Aber in dem Beweise tritt nirgends ein Gedanke hervor, der den Raum und die Zeit hinderte, zugleich etwas Objektives ausser der menschlichen Anschauung zu sein. Dass Raum und Zeit etwas nur Subjektives seien, dies ausschliessende „nur" ist nicht begründet."

Ueber diese Missdeutung des „subjektiv" habe ich schon im ersten Abschnitt meiner Betrachtung gesprochen. Es handelt sich hier um den Ursprung der Begriffe Raum und Zeit. Liegt derselbe in uns oder ausser uns? Lernen wir diese Begriffe von der Erfahrung oder nicht? Es ist klar, dass das Erstere nicht der Fall ist, und darum eben sagt Kant, die Begriffe Raum und Zeit seien keine empirischen Begriffe. Will Trendelenburg sie in diesem Sinne subjektiv nennen, so können sie nicht zugleich objektiv sein; denn das wäre ein offenbarer Widerspruch.

Zum Anderen zeigte Kant, dass Raum und Zeit nothwendige Vorstellungen a priori seien.

Trendelenburg giebt das zu, aber er weiss nichts einzuwenden, als wiederum dies:

„Sie sind beide etwas Subjektives. Was verhindert sie aber, zugleich etwas Objektives zu sein? Sind sie vielleicht nicht gerade darum für den Geist nothwendig, weil sie es für die Dinge sind?"

Hier nennt also Trendelenburg Raum und Zeit Subjektives, weil sie nothwendige Vorstellungen a priori sind. Dann würde der Gegensatz, zufällig und a posteriori, das Objektive sein. Und in der That nennen wir das, was uns durch die Erfahrung gegeben wird, also. Zufällig, weil wir darauf warten müssen, dass uns das Materiale der Erfahrung gegeben werde, a posteriori, weil wir erst, nachdem dies geschehen, die Erkenntniss davon besitzen. In diesem Sinne kann wiederum Raum und Zeit nur subjektiv genannt werden.

Das Dritte war: Kant zeigt, dass weder Raum noch Zeit ein discursiver oder, wie man sagt, allgemeiner Begriff sei, sondern eine reine Anschauung.

Trendelenburg entgegnet:

„Das Argument nimmt den Grund aus dem Verhältniss der objektiven Dinge. Wir schauen nämlich das individuelle Ding an, inwiefern ihm nur Ein Gegenstand entspricht. Dessenungeachtet wird dieser von den äusseren Dingen entlehnte Grund mit der Ansicht verflochten, die Raum und Zeit alles äusseren Daseins entkleidet."

Trendelenburg hat offenbar diese Auseinandersetzung Kant's nicht verstanden. Denn Kant nimmt nicht, wie er sagt, sein Argument aus dem Verhältniss der objektiven Dinge her, sondern aus dem Unterschied in unserer Erkenntnissweise. Er zeigt, dass Raum und Zeit eine reine Anschauung sei, und kein allgemeiner Begriff. Denn es giebt nur Einen Raum und nur Eine Zeit. Mit einem Begriffe stellen wir uns aber Merkmale vor, die einer ganzen Reihe von Gegenständen zukommen, darum nennen wir ihn auch allgemeinen Begriff. Die Vorstellung des Einen, Einzigen kann nur eine Anschauung sein. Ferner das Viele, dem der Begriff als Merkmal zukommt und seine Sphäre bildet, ordnen wir ihm desshalb unter. Die vielen Oerter und Zeiten aber sind nicht unter, sondern in dem Einen Raum und der Einen Zeit enthalten, sie sind Theile von ihnen, und ihre Einschränkungen. Darum werden auch die geometrischen Grundsätze nicht aus allgemeinen Begriffen, sondern aus der Anschauung und zwar der reinen, der Anschauung a priori mit Nothwendigkeit abgeleitet. Es ist also hier von einer Verflechtung mit der Ansicht, die Raum und Zeit alles äusseren Daseins entkleidet, gar nicht die Rede.

Endlich viertens zeigt Kant, dass auch die Unendlichkeit von Raum und Zeit beweise, dass sie keine Begriffe seien.

Dagegen weiss Trendelenburg nichts weiter zu sagen, als: „Auch hier ist etwas aus den gewöhnlichen Verhältnissen auf ein Verhältniss übertragen, das ohne Beispiel ist."

Eine ausserordentlich oberflächliche, nichtssagende Bemerkung. Was für gewöhnliche Verhältnisse sind denn das, die hier auf ein beispielloses Verhältniss übertragen sein sollen? Allerdings, die Unendlichkeit von Raum und Zeit ist eine besondere Eigenthümlichkeit ihrer Formen, aber eben desshalb kann Kant sie nicht aus gewöhnlichen Verhältnissen übertragen. Kant vergleicht hier wiederum diese Eigenthümlichkeit mit der des Begriffs. Hat er im Vorigen gezeigt, dass das Verhältniss der Sphäre eines Begriffs nicht auf Raum und Zeit passe: so zeigt er hier, ebenso wenig die Natur des Inhalts eines Begriffs. Denn man kann sich zwar in dem Umfang, in der Sphäre eines Begriffs eine unendliche Menge von Vorstellungen denken, denen er als Merkmal zukommt, aber sein Inhalt kann nicht aus einer unendlichen Menge von Merkmalen bestehen, sondern muss fest bestimmt werden. Also widerspricht die Unendlichkeit von Raum und Zeit der Natur eines Begriffs.

Das ist Alles, was Trendelenburg gegen die Erörterung Kant's vorzubringen weiss, und ich meine, gezeigt zu haben, dass es wegen seiner Missverständnisse nichts sei, was die Begriffsbestimmungen Kant's über Raum und Zeit vernichte. — Und er kommt denn auch darnach wieder auf sein altes Thema von dem „nur subjektiv, nicht objektiv" zurück, auf das Vermissen der dritten Möglichkeit, worüber ich im ersten Abschnitt meiner Abhandlung bereits ausführlich gesprochen habe.

Und nun folgen wieder einige tadelnde Bemerkungen im Allgemeinen. Zuerst:

„Die Kantische Ansicht entfernt sich von dem gemeinen Bewusstsein, indem sie Raum und Zeit für nichts als subjektive Formen der Anschauung erklärt, und entfernt sich von demselben zum zweiten Male, indem sie die Zeit den Dingen der äusseren Anschauung entzieht und in diese nur mittelbar hineinwirft, wenn sie als Erscheinungen durch den innern Sinn und die Zustände der Seele hindurchgehen. Nach einer solchen Vorstellung lässt sich nicht einmal das Gesetz des Falles verstehen, in welchem Raum und Zeit für den fallenden Körper selbst in ein bestimmtes Verhältniss treten."

Das sind wieder wunderliche Missverständnisse. Wie?

Will Trendelenburg dem Philosophen, dem selbständig Denkenden daraus einen Vorwurf machen, dass er sich von dem „gemeinen Bewusstsein" aus gutem Grunde entfernt? Was das Zweite betrifft: so sagt Kant auch: „Die Zeit ist eine nothwendige Vorstellung, die allen Anschauungen zum Grunde liegt." „Die Zeit ist die formale Bedingung a priori aller Erscheinungen überhaupt." Die Zeit ist Kant einmal die Form des Sinnes überhaupt: denn auch die äusseren Dinge erscheinen uns irgendwo im Raum und irgendwann in der Zeit. Allerdings stellt er sie insofern dem Raume gegenüber, als dieser die Form ist, in der sich die äusseren Dinge neben einander ordnen, wesshalb er ihn im Besonderen die Form des äusseren Sinnes nennt, für unsere inneren Zustände haben wir aber nicht eine solche Form der Nebenordnung, sondern sie erscheinen uns nur nach einander in der Zeitfolge. Desshalb nennt Kant die Zeit im Besonderen die Form des inneren Sinnes. Und der alte Kant hat wirklich sehr wohl gewusst, dass bei Erklärung der Erscheinungen in der Aussenwelt auch die Zeit mit in Rechnung komme; er hat das Gesetz des Falles gewiss ebenso gut verstanden wie Trendelenburg. Er sagt in der transcendentalen Erörterung des Begriffes der Zeit S. 82: „Hier füge ich noch hinzu, dass der Begriff der Veränderung und mit ihm der Begriff der Bewegung (als Veränderung des Orts) nur durch und in der Zeitvorstellung möglich ist." Und wie die Zeit und die Geschwindigkeit bei den Ortsveränderungen der äusseren Dinge mit in Betracht komme, darüber belehrt uns Kant in den „Metaphysischen Anfangsgründen der Naturwissenschaft" im ersten Hauptstück, der Phoronomie, sehr genau; ebenso in der Mechanik.

Trendelenburg aber ist es ferner eben so wenig deutlich, „wie sich die Bewegung der Dinge zu den nur in uns liegenden Formen des Raumes und der Zeit verhalten soll". „Wenn Kant seine metaphysischen Anfangsgründe der Naturwissenschaft mit der Bewegung eröffnet: so fehlt die eigentliche Genesis."

Trendelenburg hätte nur etwas weiter in jene Schrift Kant's hineinschauen sollen, statt bloss den ersten Satz anzusehen. In der Mechanik dort lautet z. B. die erste Erklärung: „Materie ist das Bewegliche, so fern es, als ein solches, bewegende Kraft hat." Also die bewegende Kraft in der Materie ist der Grund, die Genesis der Bewegung. Doch Trendelenburg meint, dass überhaupt in der Kritik der Vernunft die Bewegung nicht in völliger Uebereinstimmung behandelt sei. Er führt zwei Stellen an, und sagt: „Nach der ersten Stelle setzt die Bewegung den Raum voraus und hängt von einem empirischen Datum ab. Nach der zweiten bedarf die Vorstellung gerade der Bewegung, um die Abmessungen des Raumes und die Linie der Zeit zu fassen, und es geht also für das Bewusstsein die Bewegung dem Raum und der Zeit voran."

Aber Kant unterscheidet ja ausdrücklich „Bewegung eines Objekts" und „Bewegung als Beschreibung eines Raums". Jenes setzt etwas Bewegliches voraus, ein empirisches Datum, dieses betrachtet die Bewegung als Beschreibung eines Raumes überhaupt. Im letzteren betrachte ich die Bewegung als die in der Konstruktion sich darnach bildende Form, im ersteren als die Ortsveränderung, die durch das Objekt bewirkt wird. Kant sagt „Metaphys. Anfangsgründe der Naturwissenschaft" S. 126 in der Anmerkung: „In der Phoronomie, da die Bewegung eines Körpers bloss in Ansehung des Raums, als Veränderung der Relation in demselben, betrachtet wurde u. s. w." „In der Mechanik aber, da ein Körper in Bewegung gegen einen andern betrachtet wird, gegen den er durch seine Bewegung ein Causalverhältniss hat u. s. w." Es sind demnach zwei verschiedene Gesichtspunkte, aus denen die Bewegung betrachtet werden kann, vom ersteren als Beschreibung eines Raums ohne Rücksicht auf das Objekt, vom anderen als Wirkung der im sich bewegenden Objekte liegenden Kraft. Doch gleichviel, hier wie dort liegt die reine Anschauung des Raumes zu Grunde.

Trendelenburg schliesst seine Auseinandersetzung der angeblichen Fehler und der gefährlichen Folgerungen der Lehre Kant's mit der Bemerkung:

„Endlich ist Kant's Ansicht von Raum und Zeit an sich betrachtet schier ein Wunder zu denken. In uns ruhe als fertige Form der unendliche Raum und die unendliche Zeit, in uns, den endlichen Wesen, die fertige Form wie ein starrer Guss. Es ist weder an sich zu begreifen noch mit Aehnlichem in Zusammenhang zu bringen. Ist es denn gar nicht zu sagen, aus welchem Fluss diese starren Formen entstanden sind? Wenn wir Raum und Zeit als zwei Formen in uns finden, so fragt man billig, warum giebt es nicht mehr solcher Formen? wodurch genügen diese? Wir werden auch von dieser Seite angewiesen, eine Einheit aufzusuchen, woraus diese Doppelheit gemeinsam hervorgeht."

Warum nennt Trendelenburg Raum und Zeit gerade fertige Formen? In gewissem Sinne sind sie das ja gar nicht wegen ihrer Unendlichkeit. Wie ein starrer Guss? Das verstehe ich nicht und kommt mir wie ein Widerspruch vor. Dann nennt er die Formen selbst starr, früher einmal in uns bereit liegend. Ich vermuthe desshalb, Trendelenburg meint damit feststehende, festbestimmte Formen. Das wäre schon ganz recht. Aber er sagt, es wäre schier ein Wunder, sich solche zu denken. Kant und Fries haben sie sich doch als solche denken können, und das Wunder verschwindet bei gehörigem Nachdenken. Freilich, das wird uns immer unerklärlich bleiben, warum der Mensch gerade mit dieser sinnlichen Vernunft begabt ist. Wir müssen ihn eben so nehmen, wie er ist. Aber wie in seiner Vernunft diese Formen der Sinnlichkeit und andere Formen begründet sind, das ist schon lange kein Wunder mehr, sondern klar und deutlich erklärt. Zwar Kant in seiner Kritik der Vernunft hat den Grund nur angedeutet, er findet ihn in der Einheit der Apperception, der von unserer Vernunft geforderten Synthesis des Mannichfaltigen. Es fehlt dort die Theorie der ganzen menschlichen Vernunft, zu der die Kritiken nur die nöthige Vorarbeit, gewissermassen die Propädeutik waren. Aber Kant's Schüler, Fries, hat diese Theorie vollständig entworfen in seiner „Neuen oder anthropoligischen Kritik der Vernunft". Dort im zweiten Bande §. 107 u. 108 deducirt er aus dieser Theorie „die reine Anschauung und die Bestimmung der Gegenstände a priori durch dieselbe". Und so deducirt er in gleicher Weise auch die Kategorieen und die Ideen. Die Basis dieser Deduction ist die Unterscheidung der formalen, materialen und transcendentalen Apperception. Die letztere bildet erst das Ganze unserer vernünftigen Erkenntniss, deren wir uns aber nicht mit Einem Blicke, sondern stückweise und auf verschiedene Art bewusst werden. Die materiale Apperception liefert uns die Materie, den Stoff für die Erkenntniss. Aber dieser wird durch die formale Apperception erfasst und verbunden; die Formen dieser Verbindung liegen in unserer Vernunft. Dadurch entsteht erst das Ganze unserer vernünftigen Erkenntniss, die transcendentale Apperception. Ohne diese Einheit und Verbindung besässen wir nur zerstreute Wahrnehmungen und ein unverbundenes Bewusstsein des verschiedenen Mannichfaltigen, mit ihr und durch sie haben wir erst das Ganze der Erfahrung und ein Bewusstsein überhaupt. So erklärt und deducirt Fries. Aber freilich, Fries! Man scheint sich um ihn wenig oder gar nicht zu bekümmern, geschweige denn, dass man sich herbeiliesse, von ihm zu lernen. —

So hätten wir denn auch die Kritik der kantischen Begriffe von Raum und Zeit in Trendelenburg's „Logischen Untersuchungen" vollständig erwogen, und er geht darauf über zu seiner Theorie der Bewegung. Davon später. Das Resultat unserer vorliegenden Betrachtung ist kein anderes, als Trendelenburg hat die Erörterungen Kant's theils nicht verstanden, theils missverstanden.

Wie ist es aber möglich, fragen wir uns, dass, wenn

Kant, wie nachgewiesen, eine objektive Gültigkeit von Raum und Zeit lehrt, Trendelenburg trotzdem behauptet, sie seien nach Kant nur subjektiv, nicht objektiv, und hätten mit den Dingen nichts zu thun? Das kommt daher, weil ihm die Objektivität bei Kant gar keine oder nicht die rechte ist, weil er bei den Dingen an das Ding an sich und nicht an die Art und Weise denkt, wie es uns erscheint; kurz, weil er Kant's Lehre des transcendentalen Idealismus nicht versteht, und Erscheinung und Schein mit einander verwechselt. Das will ich ihm jetzt nachweisen.

Trendelenburg sagt in den „Historischen Beiträgen" S. 217:

„Die idealistischen Consequenzen des nur Subjektiven, das uns den Zugang zum Wesen der Dinge ewig verschliesst, führen bei weiterer Entwickelung ins Skeptische."

In den „Logischen Untersuchungen" heisst es S. 158 „Wenn dies (nämlich das nur Subjektive von Raum und Zeit) wirklich folgt, so verflüchtigt sich damit die ganze Weltansicht in Erscheinung, und Erscheinung ist vom Scheine nicht weit entfernt."

S. 159:

„Zweierlei rückt in Kant's Betrachtung die Erscheinung dem Schein nahe."

S. 473:

„Die eingerissene Verwirrung würde sich lösen, wenn das, was Kant Idealismus nannte, vielmehr Eidolismus oder, wenn man lieber will, Subjektivismus hiesse."

In „Kuno Fischer und sein Kant" S. 3:

„Hat Kant die ausschliessende Subjektivität von Raum und Zeit streng bewiesen, so führt der Weg zum (transcendentalen) Idealismus."

Vergleichen wir diese verschiedenen Behauptungen: so fällt zuerst das Unbestimmte in der Bezeichnung „vom Schein nicht weit entfernt", „dem Schein nahe" auf, eine Unklarheit, Unbestimmtheit, ich möchte sagen, Schlüpfrigkeit in der Ausdrucksweise, der wir in den von uns betrachteten Schriften Trendelenburg's nicht selten begegnen. Mit einem „insofern", „in dieser Hinsicht", „von dieser Seite" wird etwas zugegeben, dann folgt aber eine Entgegnung, mit der mehr oder weniger das scheinbar Zugestandene doch eigentlich wieder aufgehoben wird. Trendelenburg hätte hier sich klar darüber aussprechen müssen über den Unterschied zwischen „dem Schein nahe" und Schein. Aber aus den anderen Aeusserungen geht klar hervor, dass er die Erscheinung, von der Kant's transcendentaler Idealismus redet, doch eigentlich in der That für nichts weiter als Schein ansieht.

In den „Logischen Untersuchungen" S. 471 sagt er: „Kant hat die Idee in einem Sinne gewahrt, welcher an Plato anknüpft. Denn die Idee ist ihm ein nothwendiger Vernunftbegriff, dem kein congruirender Gegenstand in den Sinnen gegeben werden kann."
Das ist sehr richtig. Aber sogleich S. 473 heisst es: „Man kann in wesentlichen Betrachtungen Kant als den unbewussten Fortsetzer Plato's ansehen. — — Hiernach könnte man geneigt sein, Kant's transcendentalen Idealismus enger an Plato anzuschliessen; aber man darf es nicht, denn man würde den historischen Sinn des Wortes, die Beziehung auf Berkeley verwischen."

Kant, der unbewusste Fortsetzer Plato's! Als ob er von der Platonischen Idee nichts gewusst hätte, und nicht in ähnlichem Sinne wie Plato von den Ideen redete, und zwar mit Bewusstsein dieser Uebereinstimmung! Aber warum kann denn nicht Beides mit einander richtig sein, dieser historische Zusammenhang mit Plato weiter rückwärts und die historische Beziehung zu, oder richtiger, diese Entgegensetzung gegen Berkeley's Idealismus?

Trendelenburg will den kantischen Idealismus richtiger „Eidolismus" oder „Subjektivismus" genannt wissen. — Aber Beides wäre eine Verkennung und Verfälschung der Lehre

Kant's. Denn Kant behauptet für die Erscheinung empirische Objektivität, und seine Lehre ist sehr weit entfernt von der Bilder- oder Idolenlehre des Demokrit. Ja, seit Descartes hat man diese Bilder sogar Ideen genannt, aber bei Kant ist Erscheinung und Idee etwas wesentlich Verschiedenes.

Kant's Idealismus, statt in's Skeptische zu führen, wie Trendelenburg meint, behauptet gerade die empirische Objektivität und Wirklichkeit der Erscheinungen.

Dass Trendelenburg wirklich den kantischen transcendentalen Idealismus mit dem gewöhnlichen für gleichbedeutend hält, also Erscheinung und Schein nicht unterscheidet, das erhellt am Klarsten aus dem letzten Satze, den ich oben aus seiner Schrift „Kuno Fischer und sein Kant" angeführt habe. Da steht neben „Idealismus" das Wort „transcendentalen" eingeschlossen, offenbar so, als ob es einerlei wäre, würde diese Bezeichnung hinzugefügt oder nicht.

Nun aber hat Kant selbst in der Kritik der reinen Vernunft sowohl wie in den Prolegomenen, und Fries nach ihm im 2ten Band seiner Kritik der Vernunft §§. 129. 130. 131. den Unterschied zwischen Erscheinung und Schein auf das Genaueste angegeben. Ja, ich wüsste kaum Etwas zu nennen, worüber Kant sich klarer, bestimmter und unzweifelhafter ausgesprochen hätte. In den „Allgemeinen Anmerkungen zur transcendentalen Aesthetik" III. verwahrt er sich auf das Entschiedenste dagegen, dass man Erscheinung und Schein für gleichbedeutend halte, und stellt seinen Idealismus darum entschieden dem des Berkeley entgegen. Was Trendelenburg wider diese Erörterung vorbringt in den „Logischen Untersuchungen" S. 159, geht auf den Kern des Unterschiedes gar nicht ein, und schliesst mit seiner gewöhnlichen Verkennung der empirischen Objektivität der Erscheinungen, indem er sagt:

„Wenn Raum und Zeit, jene allgemeinsten Elemente, mit dem Objekte nichts zu thun haben, so fehlt jeder Bezug zu den Dingen, und es verlässt uns dann die

Furcht nicht, dass in der Erscheinung der Schein spiele."

Furcht vor einem Spielen des Scheins in der Erscheinung!!

Kant sagt im 6. Abschnitt der Antinomie der reinen Vernunft, wo er von seinem transcendentalen Idealismus redet, in der 2. Ausgabe:

„Ich habe ihn auch sonst bisweilen den **formalen** Idealismus genannt, um ihn von dem **materialen**, d. i. dem gemeinen, der die Existenz äusserer Dinge selbst bezweifelt oder läugnet, zu unterscheiden."

Also die Idealität liegt ihm nicht in der Materie, sondern nur in der Form.

Er sagt dort ferner:

„Unser transcendentaler Idealismus erlaubt es dagegen, dass die Gegenstände äusserer Anschauung, eben so wie sie im Raum angeschaut werden, auch wirklich seien, und in der Zeit alle Veränderungen, so wie sie der innere Sinn vorstellt."

In den Prolegomenen zum Ersten Theil der transcend. Hauptfrage Anm. III S. 64 heisst es:

„Hieraus lässt sich nun ein leicht vorherzusehender, aber nichtiger Einwurf gar leicht abweisen: „dass nämlich durch die Idealität des Raumes und der Zeit die ganze Sinnenwelt in lauter Schein verwandelt werden würde."

S. 68:

„Also ist es so weit gefehlt, dass meine Lehre von der Idealität des Raumes und der Zeit die ganze Sinnenwelt zum blossen Scheine mache u. s. w."

S. 70 unterscheidet Kant seinen transcendentalen Idealismus von dem empirischen des Descartes und dem mystischen und schwärmenden des Berkeley.

Ganz in derselben Weise spricht er sich darüber aus in der „Probe eines Urtheils über die Kritik, das vor der Untersuchung vorhergeht" S. 207.

Fries sagt im 2. Band seiner Kritik der Vernunft §. 130:
„Wie soll nun aber unser Standpunkt gewählt werden, um zu zeigen, dass unsere Naturerkenntniss nicht blosser Schein sei, sondern dass ihr die höchste Realität zu Grunde liege?"

§. 131:
„Der Erscheinung liegt ein Sein der Dinge an sich zu Grunde."
„Die Sinnenwelt ist die Erscheinung der Welt der Dinge an sich."

Nach diesem Allen ist denn doch kein Zweifel, dass zwischen Erscheinung und Schein ein wesentlicher Unterschied sei. Mag es auch richtig sein, was Fries §. 128 bemerkt, „dass Kant den Unterschied zwischen Schein und Erscheinung nicht gehörig entwickelt hatte," weil er es nicht deutlich genug hervorhob, dass der Erscheinung das Ding an sich zu Grunde liege: so hat er, meine ich, doch vollkommen klar gezeigt, dass die Erscheinung, die sein transcendentaler Idealismus lehre, etwas Anderes als Schein sei. Und worin besteht dieser wesentliche Unterschied? Hinter und in dem Scheine ist nichts, hinter und in der Erscheinung ist aber das Ding selbst, nur dass es mir in einer Gestalt entgegentritt, die seinem wahren Wesen nicht gehört. Und das ist der Fall mit der Welt in Raum und Zeit. Die wahren Dinge erscheinen uns hier in Formen, welche ihren Ursprung in uns haben, und die Kant die Formen unserer Sinnlichkeit nannte.

Trendelenburg hat also Kant's Lehre missverstanden, indem er Erscheinung und Schein für gleichbedeutend hielt, und darum Kant's empirische Objektivität von Raum und Zeit und der Erscheinungen in ihnen nicht als wahre Objektivität erkannte.

4. Die wahren Fehler in der Lehre Kant's.

Im Vorhergehenden habe ich mich auf den Standpunkt Kant's gestellt, und von ihm aus die Einwendungen Trendelenburg's gegen seine Lehre von Raum und Zeit betrachtet. Ich habe sodann meine Ueberzeugung zu begründen mich bemüht, dass diese Einwendungen offenbar ihren Grund darin haben, dass Trendelenburg die kantische Darstellung seiner Lehre zum Theil nicht verstanden, zum Theil gemissdeutet habe. Ich konnte darum die Einwürfe nicht als begründet und wirksam anerkennen.

Nun aber weiss ich wohl, dass in der That wirkliche Fehler in der Lehre Kant's vorkommen, nur sind sie von ganz anderer Art als die, welche Trendelenburg behaupten zu können glaubte. Diese wahren Fehler sind nicht nur schon lange aufgefunden und nachgewiesen, sondern auch vollständig berichtigt und verbessert. Dies ist eben von Fries geschehen. Er hat diese Fehler klar nachgewiesen und uns auch darüber belehrt, wie Kant zu ihnen gekommen sei, dann hat er in seiner eigenen Kritik der Vernunft alle diese Fehler verbessert. Das ist ihm vor Allem dadurch gelungen, dass er allein unter den bedeutenderen Schülern Kant's der von diesem entdeckten einzig richtigen Methode des Philosophirens, der sogenannten kritischen Methode, wahrhaft getreu blieb, während die anderen, meist nur von den Resultaten der kantischen Philosophie ausgehend, voreilig sich bestrebten, ganz andere und, wie sie wähnten, bessere Philosopheme und Systeme aufzurichten, und dabei wieder gänzlich den wahrhaft kritischen Weg verliessen. Fries aber gelang es, auf diesem allein richtigen Wege mit seiner ausserordentlich feinen inneren Beobachtungsgabe, seinem grossen Scharfsinn, seiner weiten und umfassenden Uebersicht und seiner ausgezeichneten mathematischen Durchbildung in seiner Kritik der Vernunft das zu geben, was bei Kant vermisst werden musste, nämlich in einer vollständigen Theorie der menschlichen Vernunft nachzuweisen, wie in ihr alle unsere philosophischen Erkenntnisse begründet seien. Dabei suchte er, alle von ihm entdeckten Fehler seines grossen Lehrers zu vermeiden. Diese Fehler liegen aber alle in der Art und Weise, wie Kant seine Entdeckungen und

Lehren zu begründen und zu beweisen suchte, so dass diese trotzdem in ihrer Wahrheit bestehen bleiben, sowohl seine Lehre von der reinen Anschauung, als von den Kategorieen, den Antinomieen der Vernunft, dem transcendentalen Idealismus und den transcendentalen Ideen.

Ich habe hier nur zu reden von den Fehlern in Kant's Lehre von Raum und Zeit und der damit zusammenhängenden des transcendentalen Idealismus. Da will ich nun gleich zuerst darauf aufmerksam machen, dass ich doch nicht in allen Stücken und völlig mit meinem grossen Lehrer Fries übereinzustimmen vermag, wenn er uns die Fehler in der kantischen Lehre aufdeckte. Ich thue das absichtlich auf die Gefahr hin, dass ich Trendelenburg damit eine Handhabe darbiete, mir entgegenzuhalten, dass auch Fries etwas Aehnliches behauptet habe wie er; das wären allerdings Hülfstruppen auf seiner Seite, deren Gewalt ich wohl zu fürchten hätte. Doch, duo, si faciunt idem, non est idem.

In grosser Gründlichkeit und Ausführlichkeit hat Fries in seiner Theorie der erkennenden Vernunft die Fehler Kant's verbessert. In der Vorrede zur zweiten Auflage giebt er uns aber eine vortreffliche Uebersicht über das, was ihm für seine Kritik der Vernunft Aufgabe und Ziel war. Er sagt dort S. XI: „Geschichtlich schliesst sich meine Arbeit also ganz an Kant's grosse Werke und deren entscheidend wichtige Entdeckungen an. Ich will darüber hier meine Ansichten zu geben suchen." S. XXIII u. ff. spricht Fries über seine Stellung zu Kant's transcendentalem Idealismus. Nachdem er uns den Weg angegeben, auf dem Kant schrittweise bis zu dieser Lehre gelangte, gleichsam die Fäden gezeigt hat, welche alle in diesen Punkt zusammenlaufen, sagt er: „In dieser Darstellung der wahren Grundlehre der ganzen Philosophie hat nun unser grosser Lehrer einen Fehler begangen, (den ich bei niemand noch richtig beurtheilt finde), welcher ihm von allen am meisten bei Schülern und Gegnern geschadet hat. Sein ganzes Raisonnement ruht nämlich scheinbar auf den Beweisen der transcendentalen Aesthetik, dass in Raum und Zeit nur Erscheinungen und nicht Dinge an sich erkannt werden können. Aber diese Beweise sind fehlerhaft. Kant sagt dort (S. 42): „Der Raum stellet gar keine Eigenschaft irgend einiger Dinge an sich, oder sie in ihrem Verhältniss auf einander vor, das ist keine Bestimmung derselben, die an Gegenständen selbst haftete und welche bliebe, wenn man auch von allen subjektiven Bedingungen der Anschauung abstrahirte. Denn weder absolute noch relative Bestimmungen können vor dem Dasein der Dinge, welchen sie zukommen, mithin nicht a priori angeschaut werden." Aehnlich spricht er dann auch über die Zeit. Beachten wir nun näher, welchen Beweisgrund er hier mit dem „Denn" voraussetze, so findet sich leicht, dass es kein anderer sein könne, als die Behauptung (S. 124), „es sind nur zwei Fälle möglich, unter denen synthetische Vorstellung und ihre Gegenstände zusammentreffen können. Entweder wenn der Gegenstand die Vorstellung, oder diese den Gegenstand allein möglich macht." Diese Behauptung zugegeben, so ist der obige Beweis leicht gerechtfertigt. Aber eben diese Behauptung wird sich nicht rechtfertigen lassen. Woher wissen wir denn, ob nicht irgend eine dritte höhere Ursache möglich sei, welche die Uebereinstimmung zwischen Vorstellung und ihrem Gegenstand bestimmt, indem sie beide möglich macht? Wäre aber dies, so könnten allerdings die Dinge so angeschaut werden, wie sie an sich sind. Dieser kantische Beweisgrund für die Idealität von Raum und Zeit wird also wohl verworfen werden müssen."

„Ah!" wird man mir hier vielleicht entgegenhalten, „das ist ja gerade, was Trendelenburg auch meinte: das a priori macht es nicht; und die dritte Möglichkeit!" — Ich antworte: Gemach! es scheint dasselbe zu sein, und ist doch ein ganz Anderes, und ich wiederhole: duo, si faciunt idem, non est idem. Denn, was ich über Trendelenburg's Bemerkungen zu eben diesem Satze Kant's, von dem Fries hier ausgeht, zu sagen habe, das habe ich bereits im zweiten Abschnitt meiner Abhandlung angegeben, und sagte Fries hier wirklich nur dasselbe, was Trendelenburg dort, so könnte ich mich einfach auf das früher Gesagte zurückbeziehen. Aber Fries' Bemerkung hat doch mehr Sinn und Bedeutung. Worin findet er das Fehlerhafte bei Kant? In dem Beweisgrunde des Beweises, den Kant S. 42 seiner Behauptung, „dass der Raum gar keine Eigenschaft irgend einiger Dinge an sich oder sie in ihrem Verhältniss auf einander vorstelle," beifügte; in dem Beweisgrund für sein „Denn". Diesen Beweisgrund erblickt aber Fries in einer viel späteren Behauptung Kant's S. 124. Von dieser letzteren Behauptung sagt er: „sie werde sich nicht rechtfertigen lassen." In dieser Behauptung liegt allerdings wohl ein Fehler Kant's zu Grunde, nämlich der, dass er die Bewirkung unserer Vorstellung durch den Gegenstand nicht richtig auffasst. Darüber werde ich nachher meine Meinung sagen, wenn ich die wahren Fehler Kant's anführe. Hier aber erscheint mir die Ansicht von Fries nicht zutreffend, dass darin der Beweisgrund Kant's für seine voraufgehende Behauptung liege. Denn, ob seine Ansicht von der Bewirkung der Vorstellung durch den Gegenstand richtig sei oder nicht, behält seine Behauptung doch ihre Bedeutung. Kant meint nämlich, um über die Beschaffenheit eines Dinges an sich oder über sein Verhältniss zu anderen Dingen etwas zu bestimmen, dazu sei seine Gegenwart, seine Existenz nöthig. Diese erkennen wir aber nicht a priori, sondern a posteriori durch die Anschauung, die Wahrnehmung. Dies, meine ich, kann ihm doch nicht bestritten werden. Fries selbst sagt in seiner Kritik der Vernunft Bd. 1 §. 13: „Die Anschauung ist die Vorstellung eines Gegenstandes, worin der Gegenstand als gegeben vorgestellt wird, sie ist unmittelbare Erkenntniss des Gegenstandes." Eben das meint Kant, der

Gegenstand muss mir **gegeben** werden. Ueber einen Gegenstand, von dessen Gegenwart und Existenz ich gar nichts weiss, kann ich zwar willkührlich in meiner Phantasie allerlei Vorstellungen entwerfen, aber von den Beschaffenheiten eines wirklichen Gegenstandes kann ich erst dann etwas behaupten, wenn ich seine Wirklichkeit in der Anschauung erkannt habe. Kant sagt Prolegomena §. 9:

„Müsste unsere Anschauung von der Art sein, dass sie Dinge vorstellte, **so wie sie an sich selbst sind**, so würde gar keine Anschauung a priori stattfinden, sondern sie wäre allemal empirisch. Denn was in dem Gegenstande an sich selbst enthalten sei, kann ich nur wissen, wenn er mir gegenwärtig und gegeben ist."

Das ist, meine ich, sein eigentlicher Beweisgrund. Nun fährt er fort. Wenn ich nun aber doch, wie es faktisch und nachgewiesen ist, im Stande bin, über Gegenstände a priori etwas zu bestimmen, nämlich ihr Verhältniss zu Raum und Zeit: so können diese Bestimmungen nicht das Ding an sich, sondern nur seine Erscheinung treffen. Denn ich bestimme hier im Voraus, wie in gewisser Beziehung mir der Gegenstand entgegentreten solle, wenn er mir als gegenwärtig gegeben wird. Diese Bestimmung geht von mir aus und hat seinen Grund in mir. Darum sagt Kant eben in dem §. 9 der Prolegomena nachher:

„Es ist also nur auf eine einzige Art möglich, dass meine Anschauung vor der Wirklichkeit des Gegenstandes vorhergehe und als Erkenntniss a priori stattfinde, **wenn sie nämlich nichts anders enthält, als die Form der Sinnlichkeit, die in meinem Subject vor allen wirklichen Eindrücken vorhergeht, dadurch ich von Gegenständen afficirt werde.** Denn dass Gegenstände der Sinne dieser Form der Sinnlichkeit gemäss allein angeschaut werden können, kann ich a priori wissen."

Abgesehen von den „wirklichen Eindrücken", worin in

der That ein Irrthum Kant's liegt, ist mir die Wahrheit seiner Erklärung einleuchtend. Er hätte nur von der Form der Sinnlichkeit sagen sollen: die unserer Anschauung von Gegenständen zu Grunde liegt.

Fries sagt:

„Woher wissen wir denn, ob nicht irgend eine dritte höhere Ursache möglich sei, welche die Uebereinstimmung zwischen Vorstellung und ihrem Gegenstand bestimmt, indem sie beide möglich macht? Wäre aber dies, so könnten allerdings die Dinge a priori so angeschaut werden, wie sie an sich sind."

Ich gestehe, diesen Satz im Munde Fries' begreife ich nicht. Was für eine dritte höhere Ursache sollte denn das sein? Wo sollten wir sie suchen? In uns oder ausser uns? Wenn ausser uns, so wäre unsere Bestimmung nicht a priori und nothwendig; wenn aber in uns, so bliebe die Sache dieselbe, denn wir wären es wieder, welche die Beschaffenheit des Gegenstandes bestimmten. Aber möchte Jemand sagen: die dritte Ursache könnte über uns sein. Ueber uns? Wie ist das zu verstehen? Wird damit nur eine andere Stelle im Raum, in der Aussenwelt gemeint, dann ist das „über uns" nichts Anderes, als „ausser uns". Ist das „über uns" aber im idealen Sinne gemeint, soll die dritte, höhere Ursache die göttliche sein: so erwiedere ich: diese Annahme gehört nicht hierher; wir wollen hier eine natürliche Erscheinung auch natürlich erklären; aus göttlicher Ursache können wir gar nichts erklären, wir dürfen hier nicht gleichsam den deux ex machina herbeirufen. Die Annahme einer solchen dritten höheren Ursache käme auf den sogenannten Occasionalismus oder des Leibnitz prästabilirte Harmonie hinaus; aber diese beiden Hypothesen hat Fries selbst anderer Orten verworfen. „Wäre aber dies," schliesst Fries. Ja, wäre dies, dann hätte er sicher sich darnach umgesehen und geforscht, aber es war eben nicht möglich. Uebrigens schliesst Fries auch seine Bemerkung, wie mir vorkommt, etwas unbestimmt, wenn er sagt:

„Dieser kantische Beweisgrund für die Idealität von Raum und Zeit wird also wohl verworfen werden müssen."

Doch, ich will mich absichtlich selbst recht in's Gedränge bringen, und über dieselbe Sache eine andere Behauptung von Fries herbeiziehen, die ebenso gegen Kant gerichtet ist. Fries sagt in seiner Kritik der Vernunft Bd. 2. §. 102: „Wir müssen aber vielmehr sagen, wenn es Dinge giebt, deren Existenz an sich selbst allgemeinen Gesetzen unterworfen ist, wie wir es in der Natur finden, so kann es ja auch wohl eine Vernunft, wie die unsrige, geben, welche dieses Gesetz anticipirt, ehe sie alle Fälle der Anwendung kennt."

Aber dies wäre ja der Weg der Induktion, den wir mit Recht in Erforschung der Naturgesetze verfolgen. Die Induktion führt für sich doch nicht zur Nothwendigkeit und Allgemeinheit; denn schliessen wir auf Grund noch so vieler Fälle, so würde durch einen einzigen möglichen Fall, der ihnen widerspricht, die Gültigkeit des Gesetzes aufgehoben. Die Sicherheit, mit der wir aus Induktion schliessen, liegt vielmehr in den höheren Principien, den regulativen oder leitenden Maximen, nach denen wir dabei verfahren, und diese haben Nothwendigkeit und Allgemeinheit. Und nothwendig und allgemein sind unsere Bestimmungen nach den Formen von Raum und Zeit.

Ich kann demnach auch trotz der Gegenbemerkungen von Fries nicht zugestehen, dass in der betrachteten Behauptung Kant's gar keine Beweiskraft liege, wenn ich auch völlig mit ihm der Meinung bin, der rechte Beweis werde uns damit noch nicht geboten.

Die wahren Fehler Kant's in seiner Lehre von Raum und Zeit finde ich, und zwar belehrt von Fries, in Folgendem:

1) Kant nennt öfter Raum und Zeit „die Form unserer Sinnlichkeit". — Diese Bezeichnung aber ist wenigstens zweideutig und missverständlich. Denn wir können darunter denken: die Form, die unsere Sinnlichkeit hat, oder auch:

die Formen, die aus unserer Sinnlichkeit entspringen. Das Letztere ist hier aber allein das Richtige. Denn die Form, die unsere Sinnlichkeit hat, ist nicht Raum und Zeit, sondern vielmehr die reine Anschauung, unser mathematisches Anschauungsvermögen.

2) Kant sieht den Grund unserer anschaulichen, gegenständlichen Erkenntniss an als eine Causalität des Gegenstandes auf uns. Daher spricht er von Eindrücken, die der Gegenstand auf uns macht. — Das aber ist ein Fehler in der Selbstbeobachtung, derselbe Fehler, den wir auch bei Hume finden, denn er redet auch von impressions. Bei unserer Anschauung haben wir stets unmittelbar zugleich den Gegenstand, und wir merken von Eindrücken desselben durchaus nichts. Erst die Reflexion über die Natur unserer Anschauung zeigt uns, wie wir vermittelst des Sinnesorgans dieselbe gewinnen. Das Bild auf der Netzhaut ist das Vermittelnde. Aber dieses Bild entsteht nicht durch Eindrücke des Gegenstandes, sondern durch die Wirkung des Lichtes auf unser Auge. Diesen materiellen Vorgang können wir zwar verfolgen, aber dadurch doch nimmermehr erklären, wie die Anschauung des Gegenstandes daraus entsteht. Wir finden und haben in der Anschauung den Gegenstand unmittelbar.

3) Kant meint: unser sinnliches Anschauungsvermögen sei eigentlich nur eine Receptivität. — Das ist ein Irrthum. Die Receptivität desselben besteht nur in seiner Erregbarkeit. Das Anschauen selbst aber ist Spontaneität, Selbstthätigkeit unsers Vermögens.

4) Kant drückt sich über Raum und Zeit oft so aus: sie seien nichts als Vorstellungen in uns. — Dieser Ausdruck kann leicht so falsch verstanden werden, als ob Raum und Zeit und am Ende auch die Dinge in ihnen nur etwas in uns wären. In der That aber sind Raum und Zeit und die Dinge in ihnen etwas Wirkliches ausser unserer Vorstellung. Die falsche Auffassung hat ihren Grund in der zweifachen Bedeutung vieler Wörter mit der Endung „ung";

z. B. Dichtung ist das Dichten, aber auch das Gedichtete; Anschauung sowohl das Anschauen wie das Angeschaute. So bezeichnen wir mit dem Worte „Vorstellung" auch unsere Thätigkeit des Vorstellens und zugleich den Gegenstand unserer Vorstellung. Nun aber ist jene zwar in uns, dieser aber etwas ausser unserm Vorstellen. Die Vorstellung von Raum und Zeit ist also allerdings in uns, Raum und Zeit aber sind ausser uns.

5) Der Hauptfehler Kant's liegt darin, dass er den Beweis des transcendentalen Idealismus nur sieht in seiner Lehre der transcendentalen Aesthetik, in der Anschauung a priori. — Der wahre Beweis liegt aber in den Antinomieen, nämlich in der Eigenthümlichkeit von Raum und Zeit selbst, und nicht in ihrem Ursprung. Er liegt in der Stetigkeit, Unvollendbarkeit und Leerheit dieser Formen.

Was nun die Antinomieen betrifft, über deren erste wir wegen des indirekten Beweises gesprochen haben, so finden sich auch dort logische Ungenauigkeiten, aber nicht sowohl in den Antinomieen und in ihren Beweisen selbst, als vielmehr in den Betrachtungen, die Kant darüber anstellt. Das hat Fries' ausgezeichneter Schüler Apelt in seinen „Epochen der Geschichte der Menschheit" und in seiner „Metaphysik" gezeigt. Der Hauptirrthum ist, dass Kant den Schlüssel zur Auflösung der Antinomieen schon in seiner transcendentalen Aesthetik als gegeben voraussetzt, während doch selbst nach ihm dort nur das eine Stück dazu gegeben wird, nämlich die Lehre von den Erscheinungen in Raum und Zeit, das andere aber in der Idee der Totalität liegt, die in den Antinomieen hinzukommt, wodurch ja erst die Widersprüche entstehen.

Fries aber und Apelt erkennen die grosse Bedeutung der Antinomieenlehre Kant's an. Jener sagt in seiner Vorrede zur Kritik der Vernunft S. XXIV:

„Endlich wird nun in der Lehre von der Antinomie der Vernunft der transcendentale Idealismus selbst ausführlich dargestellt durch den Widerstreit, welcher

sich zwischen den Ansichten der Dinge nach Raum und Zeit und den Ideen von den Dingen an sich findet."
Und Apelt in seiner „Metaphysik" §. 87 rühmt:
„Die Entdeckung der Antinomieen ist Kant's grosses Verdienst, und seine Darstellung derselben ist vielleicht das grösste Meisterwerk in seiner Kritik der reinen Vernunft."

5. Kuno Fischer und Trendelenburg*).

Nachdem ich im Vorhergehenden Kant's Lehre von Raum und Zeit ausführlich dargestellt, und dem gegenüber die Einwürfe Trendelenburg's erwogen und diesem seine Missverständnisse der Lehre nachgewiesen habe, wird es nicht unschicklich erscheinen können und werde ich gewissermassen als berechtigt angesehen werden müssen, auch ein Wort über den besonderen Streit zwischen Kuno Fischer und Trendelenburg zu äussern, da es sich in demselben sehr wesentlich um die Auffassung jener kantischen Lehre und um die Darstellung derselben handelt. Ich will mich dabei allein beschränken auf die Schrift Trendelenburg's „Kuno Fischer und sein Kant. Eine Entgegnung.", und in dieser auch besonders das erwägen, was eben die kantische Lehre betrifft, welche der Gegenstand meiner Abhandlung ist.

Trendelenburg giebt zunächst den Ursprung seines Streites mit Kuno Fischer und den Zusammenhang desselben an. Das Letzte, was Trendelenburg zu seiner „Entgegnung" veranlasst hat, ist, dass Kuno Fischer in der 2. Auflage seiner Geschichte der neueren Philosophie im 3. und 4. Band bei Darstellung von Kant's Vernunftkritik und deren Entstehung

---

*) Erst nach Beendigung meiner Arbeit erschien: „Anti-Trendelenburg. Eine Duplik von Kuno Fischer." Ich fand in dieser Schrift aber keine Veranlassung, weder an meinen hier ausgesprochenen Ansichten etwas zu ändern, noch weiter, als geschehen, den leider etwas persönlich gewordenen Streit der beiden verehrten Männer zu beurtheilen.

sich gegen den Aufsatz Trendelenburg's in den „Histor. Beiträgen zur Philosophie" „Ueber eine Lücke in Kant's Beweis von der ausschliessenden Subjektivität des Raumes und der Zeit" ausgesprochen hat. Er macht Kuno Fischer einen Vorwurf daraus, dass er sich weder durch die „Logischen Untersuchungen" noch durch die „Historischen Beiträge" habe belehren lassen, und während er läugne, dass Kant die ausschliessende Subjektivität von Raum und Zeit bewiesen habe, sich also ausspreche: „Ich wüsste in der gesammten kantischen Lehre, soweit sie kritisch ist, nicht einen einzigen ihr eigenthümlichen Satz ausfindig zu machen, der möglich wäre, wenn Kant — — — die transcendentale Realität von Raum und Zeit (ihre Geltung für die Dinge) nicht widerlegt hätte." Nun, hier bin ich mit Kuno Fischer in derselben Verdammniss. Ich habe aber gezeigt, dass hier mit einander verwechselt und nicht unterschieden sei das Ding, wie es uns erscheint, und das Ding an sich. Das ist der Grund der sich entgegenstehenden Behauptungen. Auch habe ich Trendelenburg's Einwürfe gegen den direkten und den indirekten Beweis Kant's für seine Lehre verwerfen müssen.

Der eigentliche Gegenstand der Polemik ist aber die Frage: „Hat Kuno Fischer in seiner Darstellung Kant's unkantische Gedanken als kantisch aufgenommen?" Trendelenburg behauptet eben, dass dies der Fall sei. Er fasst die ersten Punkte dieser Behauptung so zusammen S. 13:

„1. es ist unrichtig und unkantisch, dass die Zeitbestimmung das Denkgesetz erkläre, d. h. das Princip seiner Möglichkeit sei. Kant sagt dies auch in der Habilitationsschrift nicht.

2. es ist unrichtig und widerspricht der Kritik der reinen Vernunft, die Habilitationsschrift in die transcendentale Aesthetik hineinzuziehen. Denn die Auffassung des obersten Denkgesetzes in der Habilitationsschrift widerspricht der Auffassung desselben in der Kritik der reinen Vernunft."

Es handelt sich also in diesen beiden Punkten um das Verständniss und die Bedeutung einer Stelle in der Schrift Kant's, die den Titel führt: de mundi sensibilis atque intelligibilis formis et principiis, und die Stelle lautet: „Praeterea autem tempus leges quidem rationi non dictitat, sed tamen praecipuas constitit conditiones, quibus faventibus secundum rationis leges mens notiones suas conferre possit; sic, quid sit impossibile, judicare non possum, nisi de eodem subjecto eodem tempore praedicans A et non A."

Auf diesen Satz hat Kuno Fischer die Behauptung gegründet:

„Also die Zeitbestimmung ist die Bedingung, unter der allein das Denkgesetz gilt."

Desshalb wirft Trendelenburg ihm vor: „Kant habe nicht gesagt, die Zeitbestimmung erkläre das Denkgesetz." Eben dies „erkläre" sei unkantisch; und er beruft sich dafür auf Kant's Begriff der Erklärung, dass diese Ableitung aus einem Princip sei. Kant habe nicht behauptet, dass das Denkgesetz aus der Zeitbestimmung als seinem Princip abzuleiten sei.

Ich weiss nicht, wie Kuno Fischer hier den Ausdruck „erklärt" verstanden habe. Aber Trendelenburg's Behauptung, darunter könne nach Kant nur Ableitung aus dem Princip verstanden werden, ist ein Irrthum. Kant sagt in der Kritik der reinen Vernunft in dem Abschnitt „Die Disciplin der reinen Vernunft im dogmatischen Gebrauche" S. 571:

„Die deutsche Sprache hat für die Ausdrücke der Exposition, Explication, Deklaration und Definition nichts mehr, als das eine Wort: „Erklärung".

Kuno Fischer kann also recht wohl mit dem „erkläre" gemeint haben „mache klar, deutlich", und nicht Ableitung aus dem Princip, und dieser Gebrauch des Wortes „erklären" wäre durchaus nicht unkantisch.

Warum es aber so ganz verkehrt sein soll, wie Trendelenburg meint, wenn Kuno Fischer bei Darstellung der Lehre der transcendentalen Aesthetik jene Habilitationsschrift Kant's mit berücksichtigt habe, sehe ich nicht ein. Denn Kant erörtert in dieser die Begriffe von Raum und Zeit Sectio III §. 14 und 15 übereinstimmend mit der Kritik der Vernunft. In dem anderen Punkte aber gebe ich Trendelenburg Recht, dass Kant die Anwendung des Zeitbegriffs auf den logischen Satz des Widerspruchs, wie sie in jener früheren Schrift vorkommt, später in der Kritik der reinen Vernunft in dem Abschnitt: „Von dem obersten Grundsatz aller analytischen Urtheile" verworfen habe. Wenn Kuno Fischer darüber dann bemerkt: „Der Satz des Widerspruchs als ein bloss logischer Grundsatz könne nur die Formel $A = A$ sein, die freilich keine Zeitbestimmung brauche: sobald aber das Denkgesetz angewendet werde auf die Dinge (Erscheinungen), trete es unter die Bedingung der Zeit; und davon rede die Habilitationsschrift"; Trendelenburg aber entgegnet: „Kant distinguire so nicht in der Kritik der reinen Vernunft": so lässt sich leicht bemerken, es müsse hier ein Missverständniss tiefer zu Grunde liegen. Denn Kant hat wohl den Grund seiner Aenderung angegeben, weil nämlich der Satz des Widerspruchs, als ein blos logischer Grundsatz, seine Aussprüche gar nicht auf die Zeitverhältnisse einschränken müsse, aber er hat nicht zugleich erklärt, woher wohl diese verkehrte Bestimmung komme.

Der tiefere Grund liegt darin, dass man, wie es in der neueren Philosophie so gewöhnlich geschieht, analytische und synthetische Urtheile, Logisches und Metaphysisches nicht gehörig unterscheidet, und dies eben darum nicht, weil Denken und Erkennen verwechselt wird. So hat wohl Kuno Fischer in der bestrittenen Stelle bei dem Denkgesetz nicht bloss den logischen Satz des Widerspruchs im Sinne gehabt, sondern, wenn auch vielleicht dunkel, das Gesetz des metaphysischen Erkennens, die Kategorie. Denn er verbindet unmittelbar mit dem ersten Satze den anderen: „Und der

Satz vom Grunde, wornach jede Veränderung ihre Ursache hat, diese Verknüpfung zweier Begebenheiten kann nur begriffen werden als eine nothwendige Zeitfolge." Da ist nicht von einem logischen, sondern von einem metaphysischen Grundsatze, einer Kategorie die Rede. Man unterscheidet nicht logische und metaphysische Unmöglichkeit. Logisch unmöglich, d. h. undenkbar ist die Behauptung, dass einem Subjekte ein ihm widersprechendes Prädikat zukomme, denn hier soll ein Urtheil analytisch sein; ich kann also im Prädikat nichts setzen, was nicht im Subjekte schon liegt. Aber das metaphysisch Unmögliche ist etwas ganz Anderes; hier urtheile ich synthetisch. Da das allgemeinste mathematische Schema für die Anwendung der Kategorieen die Zeit ist: so ist hier modalisch das Unmögliche, was zu keiner Zeit existirt, möglich, was zu irgend einer Zeit existiren kann, wirklich, was zu einer bestimmten Zeit, nothwendig, was zu aller Zeit existirt. Hier ist der Zeitbegriff für die Existenz nothwendig.

Doch ich kehre zu meinem eigentlichen Thema zurück.

Nach den beiden vorhin genannten Vorwürfen Trendelenburg's über „Unkantisches" bei Kuno Fischer kommen nun die Punkte, in denen Trendelenburg gleichfalls bei Fischer's Darstellung der metaphysischen Erörterung Kant's über die Begriffe Raum und Zeit „Unkantisches" wahrgenommen hat. In dieser Beziehung werden S. 16 fünf Punkte angegeben.

a) „es ist unrichtig und unkantisch, im Beweis statt des Begriffs den Gattungsbegriff zum Grunde zu legen."

Trendelenburg behauptet, von dieser Verwandlung des Begriffs in Gattungsbegriff gehe hier alles andere Unkantische aus; sie sei eine Quelle von Irrthümern. Das ist viel zu viel gesagt. Allerdings unterscheidet Kant in jener Erörterung die Vorstellung von Raum und Zeit nicht ausdrücklich von einem Gattungsbegriff, aber auch nicht bloss von einem Begriffe überhaupt, sondern auch von einem empirischen und einem diskursiven und allgemeinen Begriff. Es lässt sich leicht erkennen, dass Kuno Fischer auf den

Ausdruck „Gattungsbegriff" kam, um die kantische Unterscheidung der Vorstellungen Raum und Zeit von dem allgemeinen Begriffe klar zu machen. Dieser letztere enthält Merkmale, die einer ganzen Reihe oder Gattung von Gegenständen zukommen, die ihm desshalb subordinirt werden. Die einzelnen Räume und Zeiten aber sind Theile des Einen Raums und der Einen Zeit.

b) „es ist unrichtig und unkantisch, dass alle Merkmale eines Begriffs Gattungsbegriffe sind."

Trendelenburg bemerkt zwar ganz richtig, dass nicht alle Begriffe gerade Gattungsbegriffe seien. Aber das wird Kuno Fischer auch nicht bestreiten. Es kam nur darauf an, ob es in dem vorliegenden Zusammenhang der Darstellung so ganz unpassend und unrichtig sei, den Ausdruck „Gattungsbegriff" zu gebrauchen. Kuno Fischer beruft sich auf die Stelle bei Kant: „nun muss man zwar einen jeden Begriff als eine Vorstellung denken, die in einer unendlichen Menge von verschiedenen möglichen Vorstellungen als ihr gemeinschaftliches Merkmal enthalten ist". Hier findet sich zwar das Wort „Gattungsbegriff" nicht, und so weit hat Trendelenburg Recht. Aber er behauptet, auch der Sinn nicht. Und darin hat er Unrecht. Er beruft sich auf Kant's Unterscheidung in der Logik zwischen Gattung und Art, und meint, wo keine Arten angegeben werden, könne auch von keinem Gattungsbegriffe die Rede sein. Doch das trifft die Sache gar nicht. In der Logik vergleicht Kant die Begriffe unter einander, und nennt den Gattungsbegriff den höheren, den Artbegriff den niederen. In der transcendentalen Aesthetik aber vergleicht Kant den Begriff mit der Anschauung. Hier hat er offenbar den Begriff als das logische Hülfsmittel im Auge, und macht auf die Natur desselben aufmerksam. In der Sphäre, dem Umfang eines Begriffs können wir uns eine unendliche Menge von Vorstellungen als ihm subordinirt, also unter ihm denken, aber unmöglich in dem Inhalt des Begriffs eine unendliche Menge von Vorstellungen als Merkmale in ihm. Der Eine Raum und die Eine Zeit haben aber eine unendliche Menge von Theilvorstellungen in sich; denn alle unendlich vielen Räume und Zeiten sind als Theile in dem Einen Raum und in der Einen Zeit. Desshalb ist die Vorstellung von Raum und Zeit kein Begriff. Und eben dies wollte auch wohl Kuno Fischer mit dem „Gattungsbegriff" deutlich machen, da einem solchen zwar eine unbestimmte Menge von Gegenständen untergeordnet ist, die alle die Merkmale des Begriffs haben, aber der Begriff als solcher kann nicht eine unendliche und unbestimmte Menge von Merkmalen in sich haben, weil wir ihn dann gar nicht auf Gegenstände mit Sicherheit anzuwenden vermöchten. Uebrigens, wenn wir unter dem höheren Gattungsbegriff Artbegriffe haben: so ist das, was den letzteren subordinirt ist, auch dem höheren Gattungsbegriff subordinirt und gehört gleichfalls in seine Sphäre. In der Sache ändert sich also damit nichts, ob man neben der Gattung noch Arten unterscheidet oder nicht.

c) „es ist unrichtig und unkantisch, dass jede Gattung von den einzelnen Dingen abstrahirt und aus deren einzelnen Merkmalen zusammengefasst ist. Kuno Fischer sagt dies von dem „allgemeinen Begriff oder der Gattung."

Dieser ganze Vorwurf mit Allem, was zu seiner Erklärung und Begründung hinzugefügt ist, beruht auf einem Irrthum Trendelenburg's. Abgesehen von dem Zusatz „oder der Gattung" ist das, was Kuno Fischer von dem „allgemeinen Begriffe" aussagt, vollkommen richtig und durchaus kantisch. Kant sagt: „Der Raum ist kein diskursiver oder, wie man sagt, allgemeiner Begriff." Was heisst das „diskursiver Begriff"? Wir unterscheiden diskursiv und intuitiv. Intuitiv erkennen wir durch Anschauung, diskursiv durch Begriff und Urtheil. Ein intuitiver Begriff gehört der anschaulichen, ein diskursiver der gedachten Erkenntniss. Kant sagt nun ausdrücklich: „der Raum ist kein diskursiver Begriff". Der intuitive wird durch Anschauung gewonnen, der diskursive aber durch Abstraktion. Raum und Zeit sind nicht abstrahirte Begriffe, sondern Begriffe aus der Anschauung, und zwar der reinen. Das ist der Grund, wesshalb Kant behauptet, dass der Raum kein diskursiver Begriff sei. Da nun in dem obigen Satze Kuno Fischer vom diskursiven Begriff redet, so hat er mit dem „abstrahirt werden" vollkommen Recht. Wenn aber Trendelenburg dawider mathematische Begriffe anführt, so hat er völlig Unrecht. Denn Mathematik ist sowohl gedachte wie intuitive Erkenntniss; ihre Begriffe beruhen auf reiner Anschauung, und sind darum keine diskursiven oder allgemeinen Begriffe, von denen doch allein in dem bestrittenen Satze die Rede war. Der Gegenbeweis Trendelenburg's trifft demnach die Sache gar nicht.

d) „Es ist ferner unrichtig und unkantisch, den Gattungsbegriff der Merkmale eines Dinges als einen Nenner zu betrachten, der immer kleiner ist als der Zähler. Die ausgesponnene schiefe Metapher verwirrt den Leser."

Ich will diese Vergleichung Kuno Fischer's mit dem Nenner nicht in Schutz nehmen. Aber dieser sagt selbst, es sei nur eine vorübergehend angewendete Bezeichnung, er behauptet nicht, dass es eine kantische Bezeichnung sei. Dennoch sagt Trendelenburg, Kuno Fischer's Kant müsse den Widersinn, der darin liege, in den Mund nehmen und als kritische Philosophie den Lesern vortragen. Kuno Fischer will mit seiner Vergleichung das Verhältniss des Einzelnen und Allgemeinen anschaulich machen, indem Raum und Zeit keine allgemeinen Begriffe, sondern Vorstellungen des Einzelnen seien. Die allgemeinen Merkmale des Begriffes „Mensch" kommen einem jeden Menschen, sei er ein noch so unbedeutender, ebenso wie Cäsar zu; in der Persönlichkeit Cäsar's liege aber mehr. Das ist wohl Kuno Fischer's Sinn; aber, wie gesagt, die Vergleichung mit Nenner und Zähler ist nicht recht passend. Denn Alles, was in dem einzelnen Cäsar mehr ist, ist doch nur Menschliches, es muss ein menschliches Merkmal darin sein.

e) „Es ist endlich unrichtig und unkantisch, den Beweis in einen Syllogismus zusammenzufassen, in welchem, wie bei Kuno Fischer, das Verhältniss vom Theil zum Ganzen den Mittelbegriff bildet."

Hier liegen wieder die schon vorhin angedeuteten Missverständnisse zu Grunde, namentlich darüber, was Kant von der Natur des Begriffes im Gegensatz zu Raum und Zeit sagt. Kuno Fischer sagt ganz richtig: Raum und Zeit sind nicht Merkmale von Räumen und Zeiten. Sie sind nicht Theilvorstellungen, sondern das Ganze. Er weiset auf die Erörterung Kant's hin. Dieser sagt: in einem Begriffe kann nicht eine unendliche Menge von Vorstellungen sein. Denn sein Inhalt besteht aus bestimmten Merkmalen. Alle Räume und Zeiten sind aber in dem Einen Raum und in der Einen Zeit; die einzelnen Räume sind nur Theile des Einen Raums, die verschiedenen Zeiten nur Einschränkungen der Einen Zeit. Darum ist weder Raum noch Zeit ein Begriff. Kuno Fischer's Behauptung und seine Berufung auf Kant's Erörterung scheinen mir desshalb ihre Richtigkeit zu haben. — Trendelenburg kommt wieder mit dem Vorwurf gegen Kuno Fischer's „Gattungsbegriff" und seinen unpassenden mathematischen Beispielen. Ueber Beides habe ich schon gesprochen, und Beides trifft hier die eigentliche Sache gar nicht. Ebenso irrig ist seine Bemerkung: „Wir fassen vielmehr Kant's wesentliche Absicht in's Auge, die Anschauungen des Raumes und der Zeit von den Kategorieen, den Stammbegriffen des Verstandes, zu scheiden." Das ist nun völlig „unrichtig und unkantisch". Nicht von den Kategorieen, an die er hier gar nicht denkt, sondern vom Begriff, dem empirischen und allgemeinen Begriff, will Kant die Vorstellungen von Raum und Zeit unterscheiden. Ferner tadelt Trendelenburg, dass Kuno Fischer vom Ganzen des Raumes und der Zeit rede; Kant spreche zwar „von der ganzen Vorstellung der Zeit im Gegensatz gegen die Vorstellung der Theile durch Einschränkung; aber das sei doch etwas Anderes, als der Satz: der Raum und die Zeit sind das

Ganze". Aber was steht denn den Theilen gegenüber? wozu gehören die Theile? Doch wohl zum Ganzen. Die Unendlichkeit von Raum und Zeit widerspricht hier nicht. Sind die verschiedenen Räume und Zeiten Theile, wie sie es sind: wessen Theile sind sie? Doch wohl des Einen Raums und der Einen Zeit; also sind Raum und Zeit im Verhältniss zu jenen das Ganze. Wenn Kant von der ganzen Vorstellung der Zeit redet: ist das nicht dort gleichbedeutend mit Vorstellung der ganzen Zeit? — Sodann meint Trendelenburg, Kuno Fischer habe in seiner Wiedergabe des kantischen Beweises einen anderen Mittelbegriff, terminus medius, gebraucht, und macht ihm daraus einen schweren Vorwurf. Doch, das ist wieder ein ganz offenbarer Irrthum Trendelenburg's. In Kant's Schluss soll der Mittelbegriff sein: das Unendliche, Uneingeschränkte der Theile des Raumes und der Zeit. Aber, der Mittelbegriff liegt vielmehr in dem „in sich enthält". Denn Kant meint, wäre der Raum (und ebenso die Zeit) ein Begriff: so würde er eine unendliche Menge von Vorstellungen in sich enthalten, denn alle einzelnen Räume und Zeiten sind Theile oder Einschränkungen des Einen Raumes und der Einen Zeit, sind also in Raum und Zeit. Das aber widerspricht der Natur eines Begriffs, der zwar eine unendliche Menge von Vorstellungen unter sich, in seiner Sphäre haben kann, nicht aber in seinem Inhalt, da dieser aus bestimmten Merkmalen besteht und bestehen muss. Darum hat Kuno Fischer hier Kant ganz richtig verstanden und wiedergegeben, indem er auf das Verhältniss der Theile zum Ganzen, oder vielmehr im Ganzen sich bezieht. — So zerfällt auch der gewaltige Vorwurf eines Fehlschlusses oder gar eines Sophisma in nichts. Es sei da ein täuschender Doppelsinn vorhanden; denn „das Merkmal sei ein Theil eines Begriffes, logisch genommen, in Gedanken aufgefasst, aber der Raum ist das Ganze, sinnlich genommen". Aber Kant will ja gerade zeigen, dass es verkehrt sei, den Raum für einen Begriff anzusehen, in dem dann, logisch genommen, die unendliche Menge von einzelnen Räumen seine Merkmale wären und in ihm enthalten. Er betrachtet also den Raum, logisch genommen, als das Ganze eines Begriffs. — Endlich hat Trendelenburg Anstoss genommen an Kuno Fischer's Satz: „Raum und Zeit sind Anschauungen, weil sie Einzelvorstellungen, nicht Collectiv-, sondern Singularbegriffe sind." Er hält den Ausdruck „Singularbegriff" für unkantisch. Ich glaube wohl, dass diese Bezeichnung bei Kant nicht vorkommt. Allein einmal hat Kuno Fischer ja die richtigere Bezeichnung „Einzelvorstellung" daneben gesetzt, und hat gezeigt, woher er bei Kant den Ausdruck nehme, es ist das „conceptus singularis" in der Habilitationsschrift. Trendelenburg entgegnet: „Der spätere Kant, Kant in der kritischen Epoche", würde sich besser ausdrücken. Aber, ist zwar die Habilitationsschrift der Zeit nach eine frühere als die Kritiken, so würde man doch sehr irren, wenn man meinte, in jener sei Kant noch nicht der kritische Philosoph; denn in ihr herrscht seine kritische Methode des Philosophirens schon ganz bewusst und offenbar. Uebrigens ist der Ausdruck Fischer's doch ein so ganz Verwerfliches auch nach Kant nicht. Denn während dieser so klar nachweiset, Raum und Zeit sei kein Begriff, lautet doch die Ueberschrift in seinen Erörterungen: „Von dem Raume. Metaphysische Erörterung dieses Begriffs"; nachher „des Begriffs vom Raume", ebenso „des Begriffs der Zeit". Hier wird das Wort „Begriff" nicht im strengen logischen Sinne genommen, sondern eben in dem allgemeineren, wo es so viel wie Vorstellung überhaupt ist. Trendelenburg will aber auch bezweifeln, dass Kant irgendwo Raum und Zeit „Einzelvorstellung" genannt habe. Eine eitle Spitzfindigkeit! Das Wort mag vielleicht bei Kant nicht vorkommen, aber der Sinn doch gewiss, wenn Kant wiederholt von dem einigen Raum redet und die Vorstellung der Zeit als die von einem einzigen Gegenstande bezeichnet. Trendelenburg weiss das besser; er sagt: „denn Raum und Zeit sind nichts Einzelnes". Er begründet das nicht weiter, darum übergebe ich die

Behauptung. Aber „unkantisch" ist sie ohne Zweifel. — Endlich folgt noch eine weitschweifige Kritik des Satzes bei Kuno Fischer: „Endlich wie kann uns überhaupt der Raum gegeben sein? Er müsste doch wohl von aussen gegeben sein. Also müsste er ausser uns sein, also in einem anderen Ort, in einem anderen Raume als wir, und in der That nichts Ungereimteres lässt sich sagen." Trendelenburg hängt sich an die Worte „doch wohl" und „überhaupt". Aber es scheint in der That, als ob er nur Kuno Fischer habe missverstehen sollen. Denn es ist ganz klar, dass dieser mit dem „überhaupt gegeben" habe sagen wollen: Ueberhaupt, wie kann der Raum als ein gegebener Gegenstand angesehen werden? Da wir alle Gegenstände der äusseren Anschauung in den Raum setzen, so müsste der so gegebene Gegenstand doch wohl in einem anderen Raume gedacht werden, und dieser wieder in einem anderen u. s. w. Das wäre ungereimt. Das ist der offenbare Sinn der Worte Kuno Fischer's, und er hat damit vollkommen Recht.

Hier schliesst die Entgegnungsschrift die angeblichen „Entstellungen" Kuno Fischer's in der Darstellung der kantischen Lehre von Raum und Zeit. Das Uebrige übergehe ich, da es von dem hier behandelten Gegenstand zu fern abliegt.

Nach meinen Auseinandersetzungen muss ich also urtheilen: Hat Kuno Fischer auch wohl hier oder dort einen nicht zutreffenden oder missverständlichen Ausdruck gewählt, so hat er doch im Ganzen Kant's Lehre von Raum und Zeit richtig verstanden und dargestellt, während ich solches Verständniss bei Trendelenburg nicht finde.

6. Die Theorie der Bewegung.

In den „Logischen Untersuchungen" wurde von Trendelenburg die ganze Lehre Kant's von Raum und Zeit angegriffen und bestritten, und ich habe im dritten Abschnitt meiner Abhandlung gezeigt, dass diese Bekämpfung in völligem Miss-

verständniss der Lehre ihren Grund habe. Aber dort in den
„Logischen Untersuchungen" handelte es sich um weit mehr.
Jene Bekämpfung war nur ein einzelner Abschnitt in einem
grösseren Ganzen. Die „Logischen Untersuchungen" wollen
nämlich ein ganz neues Philosophem aufstellen, wodurch sich
alle philosophische Erkenntniss allein richtig begründen und
erklären lassen soll. Dieses Philosophem besteht in Trendelenburg's Theorie der Bewegung. Er hat hier eine fleissige,
ausführliche Arbeit uns geliefert, und hofft dadurch alle bisherigen Räthsel in der Philosophie gelöset, alle Fehler verbessert, alle Lücken ausgefüllt zu haben. Je grösser und
anerkennungswerther dieser Zweck und dieses Ziel sind, je
bedeutungsvoller und umfassender diese Aufgabe ist, desto
mehr hat es mich unangenehm berühren, ich möchte sagen,
betrüben müssen, zu erkennen, dass ein so gelehrter und
scharf denkender Mann doch nur mit lebhaftem Eifer und
vieler Mühe einem blossen Phantom nachjagt, indem er sich
anstrengt, einer willkührlich aufgegriffenen Hypothese Wahrheit und Leben auf künstliche Weise zu erzwingen. Es kann
hier nicht meine Aufgabe sein, diese vielleicht anmassend
erscheinende Behauptung durch Kritik der ganzen Trendelenburg'schen Arbeit zu begründen. Doch ist es meine Pflicht
und gehört hierher, den Grund meiner Ansicht aufzuweisen,
einmal indem ich den Grundgedanken der ganzen Darstellung
in Betracht nehme, und zweitens im Besonderen die Anwendung der Theorie auf die Lehre von Raum und Zeit.

Im ersten Band der „Logischen Untersuchungen" Abschnitt IV. S. 136 bezeichnet Trendelenburg die Aufgabe,
die er sich gestellt hat, so:

„Es ist die Aufgabe, den Gegensatz zwischen Denken
und Sein zu ermitteln. In jeder Erkenntniss finden
wir ihn ausgeglichen vor; er soll jedoch in diesem Akte
der Ausgleichung zur Anschauung kommen. Denken
und Sein sind sich zunächst einander entgegengesetzt."

Darin scheint mir ein Widerspruch zu liegen. Es wird
von einem Gegensatz geredet, den wir aber schon ausgeglichen

vorfinden, er soll nur zur Anschauung gebracht werden. Zunächst sei der Gegensatz da. Wenn wir ihn aber, wie Trendelenburg sagt, in jeder Erkenntniss schon ausgeglichen vorfinden: so wäre ja gerade die Auflösung das Erste und Unmittelbare, und wir brächten den Gegensatz erst hinzu. Es wird hier der Unterschied nicht erkannt zwischen unmittelbarer und mittelbarer Erkenntniss. Die ursprüngliche Erkenntniss liegt in unserer Vernunft zu Grunde. Wir können sie uns aber nicht im Ganzen unmittelbar zum Bewusstsein bringen; unmittelbar bewusst sind wir uns nur der anschaulichen Erkenntniss, das Andere kommt uns erst durch Reflexion zum Bewusstsein. Dies Verhältniss des Mittelbaren zum Unmittelbaren wird hier nun irrthümlich als ein Gegensatz aufgefasst, und zwar zwischen Denken und Sein. Das ist ein uralter Irrthum in der Philosophie. Die Wahrheit ist ihr Ziel. Aber man meint, diese Wahrheit bestehe in der Nachweisung der Uebereinstimmung zwischen den Gegenständen und unseren Vorstellungen, während wir doch nicht im Stande sind, den Gegenstand selbst unserer Erkenntniss gegenüberzustellen, und so Beides mit einander zu vergleichen, denn aus unserer Erkenntniss können wir nicht hinaus, wir haben den Gegenstand nur durch die Erkenntniss desselben. Also können wir auch nur unsere Vorstellungen mit einander vergleichen, und die uns allein mögliche Wahrheit besteht darin, dass wir uns des Ganzen unserer unmittelbaren vernünftigen Erkenntniss klar und vollständig bewusst werden. In unserer unmittelbaren Erkenntniss liegt die Wahrheit, über die hinaus wir keinen höheren Richter haben. Der Gegensatz, der hier in's Auge gefasst wird, ist also der zwischen Erkenntniss und Gegenstand, und nicht zwischen Denken und Sein. Das Nichtunterscheiden des Denkens und Erkennens ist ein Hauptfehler der neueren Philosophie. Die wirkliche und alleinige Logik wird formale Logik, die Metaphysik aber materiale Logik genannt. Der Satz vom Widerspruch ist ein logischer Grundsatz, die Katagoricen aber zeigen uns in Verbindung mit ihrem mathematischen Schema die Gesetze des Erkennens. Diese Verwechselung hat wieder ihren Grund darin, dass man den wesentlichen Unterschied zwischen analytischen und synthetischen Urtheilen nicht versteht, den Kant doch so klar nachgewiesen hat.

Was den Gang seiner Untersuchung betrifft, so bemerkt Trendelenburg S. 138 sehr richtig: man müsse vom Endlichen und Bekannten ausgehen, um zum Unendlichen und Unbekannten fortzuschreiten. S. 140 aber sagt er von dem Weg, den er einschlagen will:

„Wir können die Antwort auf zwei Wegen finden. Entweder wir zeigen die Thätigkeiten des Denkens und der Dinge, um die letzte auszuscheiden, die das gemeinsame Band knüpft; oder wir ergreifen hypothetisch eine Thätigkeit mit der Anschauung und untersuchen, ob diese den gestellten Forderungen genügt. Wir schlagen den zweiten Weg ein, und werden dabei zugleich sehen, wie der erste auf dasselbe Ziel führen würde."

Aber der erste Weg, der kritische, der psychologische wäre der allein richtige Weg gewesen. Statt dessen wird willkührlich eine Hypothese ergriffen, und nun aus Vorurtheil für diese wird nolens volens das erzwungen, was man vorurtheilslos in gründlicher Selbstbeobachtung hätte suchen sollen.

In Abschnitt V. wird dann die Bewegung, die eben die Hypothese ist, im Allgemeinen erläutert. Drei Merkmale oder Kennzeichen werden für sie angegeben: sie sei die verbreitetste Thätigkeit im Sein, und dieselbe Bewegung gehöre dem Denken an, ferner sie werde aus sich selbst erkannt und stamme aus sich selbst, endlich sie sei eine einfache Thätigkeit.

Das ist richtig: Die hylologische Weltansicht führt uns in die Welt der Masse und Kraft und der Bewegung ein. Hier betrachten wir die Körperwelt mit ihrer Umgestaltung, Umwandelung und Veränderung. Alle Arten von Veränderung in der Körperwelt kommen im letzten Grunde auf Bewegung zurück. Aber psychologisch ist nicht diese die erste Weltansicht, sondern die morphologische; sie giebt uns die Welt der Gestalten, und ist die unmittelbar anschauliche. Was wird nun der materiellen Bewegung gegenüber gestellt? Die Bewegung im Denken. Sie soll dieselbe wie jene sein, aber freilich doch wieder nicht ganz dieselbe; sie wird ein Gegenbild der ersteren genannt, die Bewegung im Sein sei die äussere, die im Denken die constructive, und man erkenne sie zunächst in der Anschauung. Aber im Folgenden wird nicht bloss diese Bewegung genannt, sondern alles Mögliche. S. 144: Unterscheidung und Verbindung im Bereiche des Denkens führe, lebendig vorgestellt, auf die Bewegung. S. 145: Das ruhende Gesetz der Causalität, in die That übersetzt, erkläre sich aus der Bewegung; mit dem Begriff der wirkenden Ursache verknüpfe sich die Richtung woher; mit dem Begriffe des Zweckes die Richtung wohin. S. 146: „So erscheint selbst in den Thätigkeiten des abstrakten Denkens das Bild der räumlichen Bewegung wesentlich." Also alles Denken und Erkennen aus Denken wird darnach zur Bewegung gemacht, aber sie ist doch nur ein Bild, ein Gegenbild der wirklichen Bewegung in der Materie. Was in aller Welt wird denn durch dieses Bild erklärt? Man „stellt die Thätigkeit des Denkens lebendig vor", „man übersetzt ein Gesetz in die That", und siehe da, die Bewegung erscheint. Was brauchen wir uns so viel Mühe zu geben mit der Erklärung der Causalität! Sie ist die Richtung woher. Die ganze Zwecklehre der praktischen Vernunft wird klar durch die Richtung wohin. Nun aber gar, während hier die äussere Bewegung die erste und wirkliche, die Bewegung im Denken nur das Gegenbild ist, heisst es S. 152: „Die äussere Bewegung ist daher nur dem Gedanken zugänglich und etwas Ideales in der Natur." Etwas Ideales! Trendelenburg meint, „weil eigentlich die Bewegung nicht wahrgenommen, sondern nur aus der Veränderung des Ortes geschlossen werde." Wir schauen an, dass der Körper den Ort verändert hat oder verändert, das ist also, dass er sich von einem Orte zu einem andern bewegt habe. Wir schauen es an und schliessen es nicht erst. Und nun soll dies Angeschaute gar etwas Ideales sein! So geht es mit den Hypothesen. Man fährt sich darin fest, man übersetzt, man deutet um, man verdreht und zwängt, nur damit ja die Hypothese zum Vorschein komme. Aber mit diesem Allen kommen wir in der wahren Einsicht auch nicht um den kleinsten Schritt weiter. Weil Trendelenburg von vorn herein alles und jedes Denken Bewegung nennt: so ist nicht nur Anschauung Bewegung, sondern auch die Abstraktion, die reine Anschauung, die metaphysische Erkenntniss. Ja, Trendelenburg erklärt in den „Logischen Untersuchungen" Alles und Jedes aus Bewegung: Raum und Zeit, reine und angewandte Mathematik, reale Kategorieen, das Unbedingte und die Idee, Idealismus und Realismus. Wie kommt das Kunststück zu Stande? Alle Materie der Darstellung wird anderswoher genommen, aber hier wird ihm nur die Jacke der Bewegung angezogen. Geht es damit nicht sogleich und leicht, so wird etwas gedrückt, gepresst und gezwängt; aber hinein muss es.

Wie kann man doch nur meinen, auf solche Weise etwas zu erklären? wie kann man in dem Wahn befangen sein, das sei Philosophiren? Angenommen, es sei ein passender Ausdruck, Denken als Gedankenbewegung zu bezeichnen: ist denn diese Bewegung in unserm Innern nicht qualitativ etwas ganz Anderes als die Bewegung der Materie? So kann das Eine unmöglich mit dem Andern zusammengestellt, unmöglich das Eine aus dem Andern und mit dem Andern erklärt werden. Darum wird das ganze Unternehmen zu einem nutzlosen Bilderspiel.

Ich gehe weiter zur Betrachtung der Anwendung der Theorie der Bewegung auf die Lehre von Raum und Zeit. Der Abschnitt VI. in den „Logischen Untersuchungen" beginnt mit jener Kritik der kantischen Lehre, deren Nichtigkeit ich im dritten Abschnitt meiner Abhandlung nachgewiesen habe. Dann fährt Trendelenburg S. 166 fort:

„Wir kehren mit den Forderungen, die uns aus den Mängeln der Kantischen Ansicht entgegentreten, zu der vorausgesetzten Annahme zurück, dass die Bewegung die erste Thätigkeit des Denkens und des Seins sei. In diesem Falle wird sich der Raum als das äussere Erzeugniss der Bewegung, die Zeit als die Vorstellung des inneren Maasses der Bewegung vorläufig bezeichnen lassen. Mit dieser Anschauung wird in der That das Wahre der Kantischen Ansicht aufbehalten und die Lücke ausgefüllt."

Ich aber erwiedere: mit dieser Ansicht von Raum und Zeit wird auch nicht das Geringste der Kantischen Wahrheit aufbehalten, und jene kann mit dieser nicht bestehen. Der Raum heisst hier „das äussere Erzeugniss der Bewegung"; aber Kant sieht den Raum nicht an als ein Erzeugniss von diesem oder jenem, sondern als die Form unseres äussern Sinnes. Dann wird die Zeit dagegen eine „Vorstellung" genannt; also der Raum ist ein „Erzeugniss", die Zeit aber eine „Vorstellung". Nach Kant aber sind Raum und Zeit in gleicher Weise Formen, nichts als Formen unserer Sinnlichkeit, sie sind unsere reinen Anschauungen.

Dann sollen Raum und Zeit nichts „Empirisches" sein. Aber nach dem vorigen Satz ist der Raum das „äussere Erzeugniss der Bewegung", also muss er sich doch auch als ein äusseres Produkt erkennen lassen, er muss ein Gegenstand unserer äusseren Wahrnehmung sein, also etwas Empirisches. Ebenso das Maass der Bewegung, obwohl Trendelenburg es das „innere" Maass nennt, wovon die Zeit die Vorstellung sein soll, kann doch nichts Anderes bezeichnen sollen als die Geschwindigkeit der Bewegung, welche wir nach der Zeit ihres Verlaufes messen. Die Bewegung eines Körpers aber und mit ihr die grössere oder geringere Geschwindigkeit sind etwas Anschauliches. Und wirklich widerspricht sich Trendelenburg auch selber, wenn er sogleich auf der folgenden Seite 167 sagt:

„Wenn ferner Raum und Zeit als das nächste Erzeugniss aus der Bewegung entstehen, so fallen sie der Anschauung anheim, für die sie entstanden sind." Raum und Zeit sind auch nach Trendelenburg's Theorie nicht „etwas Zufälliges, von dem beliebig könnte weggesehen werden." Und die Erklärung? Er sagt: „Denn selbst die Abstraktion wird als Trennung durch die Bewegung vermittelt, und aus der Bewegung fliesst immer Raum und Zeit." Also wir mögen machen, was wir wollen, wir sind immer in der Bewegang. Können wir nicht wegsehen, nicht abstrahiren, so ist der Grund die Bewegung; abstrahiren wir aber, so geschieht es wieder nur durch Bewegung. Und aus der Bewegung fliesst immer wieder Raum und Zeit, soll wohl heissen, Raum und Zeit werden immer neu durch die Bewegung erzeugt.

Allen diesen Behauptungen liegt nun die durchaus falsche Ansicht zu Grunde, als sei Raum und Zeit irgend ein „Erzeugtes", sei nun das Erzeugende die Bewegung der Körper, oder die Gedankenbewegung. Der sich bewegende Körper erfüllt den Raum, aber er erzeugt ihn nicht. Im Gegentheil, Bewegung und Geschwindigkeit sind gar nicht vorstellbar ohne Voraussetzung von Raum und Zeit. Ebenso wenig sind Raum und Zeit Gedankendinge; sie sind vielmehr reine Anschauungen und nothwendige Formen unserer Sinnlichkeit.

Auch die Unendlichkeit von Raum und Zeit, meint Trendelenburg, welche so schwierig zu denken ist, erkläre sich nach seiner Theorie ganz leicht. Und wie erklärt er? Sie sei nichts Anderes als „die ungehemmte Thätigkeit der Bewegung". Aber wiederum, um uns eine unendliche Bewegung zu denken, müssen wir den unendlichen Raum voraussetzen. Und das geschicht so ohne alle Schwierigkeit, dass der gewöhnlichste Mensch wie der gelehrteste Philosoph diese Voraussetzung a priori hat. Auch meint Trendelenburg, durch seine Theorie falle auch ein Widerspruch weg, der eigentlich bei Kant in dem Satze liege: „Der Raum wird als eine unendliche Grösse gegeben vorgestellt." Denn das Gegebene sei sonst das Begrenzte. Kant aber sagt: „als eine unendliche gegebene Grösse." Nicht empirisch gegeben; denn er hat in den vorhergehenden Sätzen ja klar bewiesen, dass wir die Vorstellung des Raumes nicht empirisch empfangen. Eine empirische Anschauung des Raumes ist auch unmöglich. Kant meint: durch unsere reine Anschauung, nothwendig und a priori gegeben.

Trendelenburg sagt S. 168:

„Was in Kant's Ansicht mangelhaft blieb und im Widerspruch mit dem einfachen Verständniss der Dinge, fällt der vorliegenden Voraussetzung nicht zur Last. Die Bewegung ist die gemeinsame Quelle von Raum und Zeit."

„Es sind keine fertige Formen, sondern sie entwickeln sich mit der ersten That des Denkens."

Ueber die Bezeichnung „fertige Formen" habe ich schon früher gesprochen. Um mit Trendelenburg zu reden, ich halte sie für „unkantisch", und vermisse das Citat. Nach dem Gegensatz scheint es hier, als ob der Ausdruck so viel heissen soll wie etwa „angeborene Ideen." Nun aber ist Kant ein ganz entschiedener Gegner einer solchen Annahme. Denn alle Erkenntnisse, a priori und a posteriori, werden von uns erworben. Was uns angeboren ist, ist allein die Sinnlichkeit unserer Vernunft, und auf ihr beruht die Art und Weise, wie wir anschauen und erkennen müssen. Die sogenannten Formen von Raum und Zeit entwickeln sich nicht, sondern kommen bei unserer Erkenntniss zur Anwendung. Wir werden uns ihrer durch Selbstbeobachtung aber bewusst.

„Sie sind nicht die subjektive Zugabe, die der Gegenstand der Erkenntniss in eine blosse Erscheinung verwandelt. So weit die Dinge aus Bewegung entstanden sind, tragen sie den Raum wie ein eigenthümliches Erbtheil an sich."

Die Dinge sind nicht durch Bewegung entstanden, sondern die Veränderung ihres Ortes im Raum. Der Raum ist nicht ein eigenthümliches Erbtheil der Dinge an sich, sondern eine Form, in der sie uns neben einander erscheinen, weil wir das subjektive Bedürfniss dieser Synthesis haben.

„Die Zeit wird nicht aus dem inneren Zustand der Seele in die Dinge hineingeworfen, sondern inwiefern sich diese bewegen, ist die Zeit darin und ihre eigene That."

Die Zeit wird weder hinein- noch hinausgeworfen, aber sie ist die besondere Form, in der uns die Veränderung und Aufeinanderfolge unserer inneren Zustände erscheint, für welche wir kein räumliches Nebeneinander haben. Wir messen aber die grössere oder geringere Geschwindigkeit der Bewegung der Körper in der Zeit und nach der Zeit ihres Verlaufs. Die Zeit ist weder in den Dingen noch ihre eigene That, sondern eine in uns begründete Form ihrer Erscheinung.

„Der Raum und die Zeit sind kein doppeltes Unendliches neben einander, das sich in demselben Sinne, wie die Dinge, kaum als möglich denken lässt, sondern die Unendlichkeit von Raum und Zeit ist Eine und Dieselbe, und der Begriff hat im Wirklichen nur so weit Werth, als es eine unendliche Bewegung geben mag."

Die Unendlichkeit von Raum und Zeit ist auch nach Kant die gleiche Eigenthümlichkeit beider Formen. Zur Vorstellung einer unendlichen Bewegung aber, die sich an den Dingen selbst nicht empirisch anschauen lässt, ist die reine Anschauung, die Anschauung a priori des unendlichen Raums und der unendlichen Zeit die Voraussetzung.

„Wenn die Bewegung ebenso ursprünglich dem Denken als dem Sein angehört, und wenn aus der Bewegung Raum und Zeit zunächst erzeugt werden: so liegt darin eine Harmonie des Subjektiven und Objektiven, die von Kant gewaltsam zerrissen wurde."

Kant hat hier nichts gewaltsam zerrissen, aber er hat selbstbeobachtend von allem Empirischen in der sinnlichen Anschauung abstrahirt, und fand eben dadurch die Formen Raum und Zeit, in denen alles Empirische uns erscheint. Die Bewegung erzeugt nicht Raum und Zeit, sondern sie erscheint uns in ihnen. Die wahre Harmonie des Subjektiven und Objektiven besteht nach Kant in der empirischen Realität und Objektivität von Raum und Zeit.

S. 223 sagt Trendelenburg:

„Wir nennen Raum und Zeit reine Anschauungen, inwiefern sie in uns, von der Erfahrung nicht bedingt, als Bedingung der Erfahrung zum Grunde liegen. Sie sind subjektive Anschauungen, ohne dadurch objektiv an Wirklichkeit einzubüssen."

Aber meint denn Kant etwas Anderes? Sagt er denn nicht ebenso, dass uns Erfahrung nur möglich sei in diesen Formen, die a priori ihren Ursprung in uns haben?

S. 230 rühmt Trendelenburg von seiner Theorie:

„Wenn die Bewegung das Erste ist, aus der Raum und Zeit hervorgehen: so gewinnt dadurch die Vorstellung des leeren Raums und der leeren Zeit eine andere Gestalt. Beide sind nicht schlechthin leer zu denken, indem die Bewegung sie durchzieht; denn wo wir Raum und Zeit denken, da denken wir die Bewegung mit, und wäre es auch nur die Bewegung des eigenen Gedankens."

Die Bewegung durchzieht sie? Ist die Bewegung ein Ding, das den Raum erfüllt? Der sich bewegende Körper erfüllt ihn, und nicht die Bewegung. Aber am Ende soll auch gar die Gedankenbewegung ein Etwas sein, das das Leere erfülle. Die Gedanken in unserm Innern folgen in der Zeit auf einander, und sie sind das uns in der Zeit Erscheinende.

S. 248:

„Gemeinhin wird die Bewegung der produktiven Phantasie zugesprochen."

S. 249:

„Gestalt, Grösse, Richtung, Ortsveränderung, welche schon Aristoteles als die den Sinnen gemeinsamen Wahrnehmungen bezeichnete, werden hiernach in allen Sinnen durch die Bewegung vermittelt." Trendelenburg redet oft von der construktiven Bewegung, hier von der produktiven Phantasie. Hier liegt wohl eine sehr wichtige Lehre zu Grunde, die Trendelenburg aber auch missdeutet und in seine Bewegung übersetzt. Es ist die wichtige Lehre von der „produktiven Einbildungskraft", die Fries in seiner Kritik der Vernunft Band I § 37—40 so klar schildert. Gestalt, Grösse, Richtung und Entfernung sind keine Wahrnehmungen, die uns durch die Sinne gegeben werden, sondern sie werden durch unsere produktive Einbildungskraft bestimmt, die das eigentliche mathematische Vermögen in uns ist. Dadurch ist reine Anschauung möglich, dadurch die Construktion der mathematischen Begriffe, dadurch die mathematischen Bestimmungen von Gestalt, Grösse u. s. w.

S. 269 heisst es:

„Mit unserer Ansicht von der Bewegung als der ursprünglichen That des Geistes und der Natur eröffnet sich eine andere Ansicht von der aus ihr hervorgehenden Mathematik. Eine genetische Entwickelung ist zwar der Mathematik nicht fremd, aber mit der Annahme einer fertigen Anschauung von Raum und Zeit nicht zu vereinigen; sie ist aus dem Bedürfniss der Sache entsprungen, aber namentlich noch nicht in die Grundbegriffe durchgebildet. Wir versuchen daher einen Blick in die Bildung der Elemente zu thun."

Also eine ganz neue Mathematik! Eine neue Bildung der Elemente derselben! Nun haben wir bisher gemeint, seit lange schon in der Mathematik die sicherste und unzweifelhafteste Wissenschaft zu besitzen, wir haben an ihren Axiomen nicht gezweifelt, da wir ihre Wahrheit in der Construktion vor Augen hatten, und kein Mathematiker wird das Bedürfniss kennen, dass seine Wissenschaft erst noch in die Grundbegriffe durchgebildet werden müsse. Aber Trendelenburg weiss das besser. Hören wir ihn „über die Genesis des Geometrischen" S. 270.

Er giebt uns nach seiner Theorie eine Auseinandersetzung über den Punkt. Er sagt: „Der flache Begriff, der den Punkt nur als Grenze, mithin als blosse Negation, als leeres Aufhören fasst, das in ein Nichts übergeht, widerlegt sich selbst." Aber wiederum die Natur des Punktes, bemerkt er, verneine die Ausdehnung. „So ergeben sich für die Erklärung zwei Grenzen, die das Falsche abhalten. Der Punkt darf weder im Aufhören, noch in der Ausdehnung gefasst werden." Doch die Theorie der Bewegung löset das Räthsel.

„Nach der zum Grunde gelegten Ansicht kann der Punkt nichts anderes sein, als der Uebergang von der Ruhe zur Bewegung, oder von der Bewegung zur Ruhe."

Also das ist die grosse Entdeckung! Der Punkt ist ein „Uebergang". Was wohl ein Mathematiker dazu sagen wird! „Ah", wird er sagen, „ich bitte um die Construktion dieses Uebergangs, und man zeichne mir dabei auf beiden Seiten einmal die Ruhe und das andere Mal die Bewegung." Wie lässt sich aber ein Uebergang, dieses abstractum, construiren? Und kann man das nicht, so wird der Mathematiker in der Erklärung gar nichts finden. Es ist in der That nichts dahinter. Was hier in die Bewegung übersetzt ist, ist dies: der Punkt bezeichnet den Ort des Anfangs und der Begrenzung der Bewegung eines Körpers. Den Ort bezeichnet er, und nicht den Uebergang.

S. 306 lehrt Trendelenburg:

„Die Bewegung bildet das Mittelglied zwischen der reinen Mathematik und der Empirie, und ohne diese Vermittelung würden sie nimmer zu einander kommen."

Damit will Trendelenburg die grosse Kluft ausfüllen, die nach kantischer Ansicht von Raum und Zeit zwischen der reinen und angewandten Mathematik bleibe. Aber diese

Kluft hat bisher noch Niemand wahrgenommen, und die Wissenschaften, in denen die Mathematik Anwendung findet, haben auf Grund der Lehren der reinen Mathematik ihren ungestörten Fortgang und ihre ungehemmte Ausbildung gefunden. Und das gerade durch die Natur der mathematischen Erkenntniss, welche Kant in vollkommenster Klarheit geschildert hat.

Aber wie Trendelenburg an dieser Aufklärung kein Genüge hat: so bestreitet er selbst dem alten Kant die Richtigkeit seiner Auffassung der philosophischen Erkenntniss. Er sagt:

„Beide Erkenntnisse bezeichnet Kant als Vernunfterkenntniss a priori, die philosophische als die Vernunfterkenntniss aus Begriffen, die mathematische aus der Construktion der Begriffe."

„Wenn nun die Philosophie die Aufgabe hat, das Ganze der Erkenntniss zu vertreten, indem sie den Anfängen der einzelnen Wissenschaften die Principien giebt, den Resultaten die Harmonie sichert und die lebendige Wechselwirkung vermittelt: so ist sie ebenso sehr eine Erkenntniss a posteriori wie a priori; a posteriori, inwiefern sie an den übrigen Wissenschaften den nothwendigen Stoff der Arbeit hat, und a priori, inwiefern sie über den empfangenen Stoff hinausgehen muss, um das lebendige Band zu ergreifen und darzustellen."

Welch' eine wunderliche Confusion der Begriffe! Und dagegen wie klar und überzeugend hat Kant sogleich in der Einleitung zu seiner Kritik der Vernunft auseinandergesetzt, einmal wie Mathematik und Philosophie keine Erfahrungswissenschaften seien, und zum Andern wie wieder Mathematik und Philosophie sich von einander unterscheiden! Wir nennen die Erfahrungserkenntniss a posteriori eben darum, weil wir sie erst gewinnen können, nachdem uns der Gegenstand in der Erfahrung dargeboten ist. Die Vernunfterkenntniss haben wir aber a priori, denn ihre Gegenstände finden wir in uns, eben in unserer eigenen Vernunft. Es liegt also in der obigen Behauptung Trendelenburg's ein völliges Missverständniss der wahren Bedeutung der Unterscheidung zwischen Erkenntniss a priori und a posteriori.

Und nun schliesst er seine Betrachtung S. 317:

„Nach der durchgeführten Ansicht ist die Bewegung einerseits als That der Imagination, Anfang und Bedingung alles Denkens, und andererseits als That der erzeugenden Natur, Ursprung und Gesetz aller Ausdehnung und Figur."

Ich aber schliesse meine Betrachtung mit der Behauptung, dass ich in Obigem nachgewiesen habe, wie die Theorie der Bewegung gar nichts erkläre, und am wenigsten im Stande sei, uns eine bessere, richtigere und vernünftigere Lehre über Raum und Zeit zu geben, als die uns von Kant überlieferte.

7. Schluss.

Ich habe mich in der vorstehenden Abhandlung genöthigt gesehen, den Meinungen und Behauptungen des Herrn Prof. Trendelenburg durchweg entgegenzutreten und wider ihn die Lehre Kant's von Raum und Zeit zu schützen und zu vertheidigen. Es ist das im reinsten Interesse für die philosophische Wahrheit geschehen. Und hier will ich schliessen, indem ich Trendelenburg dafür danke, dass er mir Veranlassung geworden, mich nach langer Zeit wieder einmal angelegentlicher mit Kant zu beschäftigen. Das ist nicht etwa blosse Redensart, ich meine es mit diesem Danke in vollem Ernste. Denn es ist mir ein hoher geistiger Genuss gewesen, wieder einmal tiefer zu schöpfen aus jener reinen, lauteren Quelle philosophischer Erkenntniss, aus der sie Alle, Alle geschöpft haben und schöpfen, die Schüler und nicht weniger die Gegner, aus der noch ferner schöpfen werden Alle, die in sich das Vermögen und den reinen Eifer finden, selbständig zu denken und sich über die uns Menschen mögliche Wahrheit aufzuklären.

Trendelenburg sagt: Unsere heutige deutsche Philosophie gehe von Kant aus und kehre gern zu Kant zurück, und jeder, der philosophischen Studien nachgehe, pflege sich zunächst in Kant zu besinnen und mit Kant zu verständigen (Entgegnungsschrift S. 3). v. Kirchmann, der sich das Verdienst einer neuen, billigen Ausgabe der Kritiken Kant's erworben hat, sagt im Vorwort zu seinen Erläuterungen zu Kant's Kritik der reinen Vernunft: „Man kehrt jetzt von Schelling, Hegel und deren Nachfolgern zu Kant zurück, weil man in ihm die Klarheit und Deutlichkeit findet, welche bei jenen in unfassbaren Begriffen und in der Verbindung von sich Widersprechendem untergegangen ist. Für die gegenwärtige Bildung hat allerdings das Verständniss der Kritik der reinen Vernunft nicht mehr die Schwierigkeiten, wie vor achtzig Jahren." Glück auf, wenn dem also wäre! Aber, ich glaube, man täuscht sich dabei doch. Es scheint, als meine man, die allgemeine Bildung sei jetzt so weit fortgeschritten, dass die philosophischen Lehren Eingang, Aufnahme und Verständniss finden in dem weiteren Kreise der Gebildeten, ja, dass es vielleicht geschehen könne, gleich den Naturforschern, die aller Orten sich rühmlich bemühen, in populären Vorträgen die Resultate ihrer Forschungen und ihrer Wissenschaft unter das Volk zu bringen, auch in ebenso populären Darstellungen die philosophischen Wahrheiten der grösseren Menge mitzutheilen. Wenigstens dem Kirchmann'schen Unternehmen scheint eine solche Erwartung zu Grunde zu liegen. Aber man hofft wohl zu viel; dazu scheint mir die Zeit noch gar fern zu sein. Die Naturforscher und Naturkundigen sind hier glücklicher gestellt, als wir Philosophirenden. Sie befriedigen nicht nur die Wissbegierde der grösseren Menge, sondern sie können auch ihrem Triebe nach lebendiger Unterhaltung genügen, da die Gegenstände ihrer Wissenschaft den grossen Vorzug der Anschaulichkeit haben. Aber zur lebendigen Theilnahme an philosophischen Untersuchungen wird nicht nur eine ernstere Aufmerksamkeit erfordert, sondern auch das Vermögen und die Lust, selbständig zu denken, welche so allgemein wohl nicht sind; und wer in philosophischen Vorträgen die lebhafte Unterhaltung sich als Gesichtspunkt und Zweck erwählen möchte, würde damit den eigenen Erwerb der philosophischen Wahrheiten sicher nicht fördern. Und was das Schlimmste ist, wie sieht es mit dem Einverständniss derer aus, die da lehren und vortragen sollten? Ich habe in meiner Abhandlung nachgewiesen, wie ein emsiger und gelehrter philosophischer Forscher doch so ganz die Lehre Kant's missverstanden habe, und v. Kirchmann hat seiner Ausgabe der Kritiken Kant's Erläuterungen beigefügt, über die ich, nachdem ich nur einige betrachtet habe, doch zu der sicheren Ueberzeugung gekommen bin, dass auch ihnen ein Missverstehen und Missdeuten der Lehren Kant's zu Grunde liegt, und dass diese sogenannten Erläuterungen, statt zum Verständniss Kant's zu führen, die Gedanken der weniger selbständig Denkenden nur verwirren können.

Die berufsmässig Philosophirenden müssen selbst erst zum rechten Einverständniss kommen sowohl über die rechte Methode des Philosophirens, die Kant nachgewiesen hat, als auch über die grossen philosophischen Entdeckungen und Lehren, die wir ihm verdanken. Sie sollten sich leiten nnd führen lassen von Kant's grösstem und treuestem Schüler Fries. Denn er allein ist der einzig richtigen Methode des Philosophirens, der kritischen, treu geblieben, er hat in allen seinen Werken das rechte Verständniss der Lehren Kant's herbeigeführt, aber er ist auch fortgeschritten auf dem von seinem grossen Lehrer gewiesenen Wege. Fries hat die Fehler und Mängel der Lehren Kant's aufgefunden, er hat sie mit der grössten Klarheit und Gründlichkeit dargestellt, er hat die kantischen Lehren berichtigt und weiter ausgebildet. Ueberall, aber besonders klar in übersichtlichem Zusammenhange hat er in seiner Kritik der Vernunft und in seiner Geschichte der Philosophie sich darüber ausgesprochen, und ebenso hat Fries' grösster Schüler Apelt in seinen „Epochen der Geschichte der Menschheit" und in seiner

"Metaphysik" dies gründlich und einleuchtend geschildert. Auf diesem Wege und unter dieser Führung müssten die Philosophirenden selbst erst zum rechten Verständniss und Einverständniss zu gelangen suchen; dann erst würden sie tüchtig werden, auch im grösseren Kreise der Gebildeten wahres Interesse an der Philosophie neu zu erwecken, das Selbstdenken zu fördern und in rechter Weise die Antwort zu geben auf die ewige Frage der Menschheit: Was ist Wahrheit?

Inhalt.

Einleitung. . . . .
1. Die Frage. . . . .
2. Der angeblich lückenhafte oder fehlerhafte Beweis Kant's.
3. Die Verwerfung der Lehre Kant's von Raum und Zeit im Ganzen und das Missverständniss des transcendentalen Idealismus. . . . .
4. Die wahren Fehler in der Lehre Kant's. . . . . . .
5. Kuno Fischer und Trendelenburg. . . . .
6. Die Theorie der Bewegung. . . . .
7. Schluss. . . . .